왜 나는 쓸데없는 일에만 집중할까

왜 나는 쓸데없는 일에만 집중할까

제시 J. 앤더슨 지음 | 최지숙 옮김

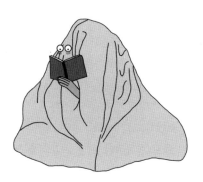

한문화

하룻밤 만에 단숨에 읽어버렸다. 이 안내서에는 간결하고 읽기 쉬우면서도 영리한 전략들이 가득하다. 자신이나 사랑하는 사람의 ADHD를 더 잘 이해하고 싶은 모든 이에게 이 책은 훌륭한 출발점이 될 것이다.

- **제시카 매케이브**, 《How to ADHD: An Insider's Guide to Working with Your Brain (Not Against It)》 저자

그동안 수많은 ADHD 관련 책을 읽어봤다. 정확히는 책을 읽으려고 시작만 했을 뿐이다. 실제로 처음부터 끝까지 읽은 책은 이 책이 처음이다. 그것도 단숨에! 이 책은 재미있으면서도 놀랍도록 술술 읽힌다. 페이지 수를 늘리려고 필요 없이 반복하지도 않았다. 간결한 정보와 실용적인 조언들, 거기에 '아, 나만 그런 게 아니었구나!' 하는 공감 가는 순간들로 가득하다. 처음 ADHD를 진단받았을 때 이런 안내서가 있었다면 정말 좋았을 것이다. ADHD를 겪고 있거나 더 잘 이해하고 싶은 이들이라면 꼭 읽어보길 바란다. 후회하지 않을 것이다.

- **다니 도너번**, ADHD 크리에이터이자 《The Anti-Planner: How to Get Sh*t Done When You Don't Feel Like It》 저자

ADHD에 관한 중요한 통찰은 물론, 실행할 수 있는 대처 전략을 담

았다. 이 책은 이해하기 쉽게 단순화한 개념을 정확히 설명한다.

- **데릭 시버스**, 작가이자 창업자

제시 앤더슨의 모든 아이디어가 한 권의 책에 담기기를 손꼽아 기다렸다. 그의 소식지와 트윗 덕분에 내 삶이 나아졌기 때문이다. 그는 누구보다 ADHD 뇌를 잘 이해한다. 또한 유용하면서도 영리한 도구들을 제공하고, 그 도구들에 흥미를 갖게끔 배경 설명도 덧붙인다. 그가 이 모든 내용을 한곳에 모아줘서 정말 기쁘다. ADHD가 있는 나로서는 여러 곳을 찾아다니기가 어렵기 때문이다.

- **아담 데이비슨**, 'NPR의 Planet Money' 팟캐스트 공동 창립자이자 《The Passion Economy》 저자

ADHD에 관한 제시 앤더슨의 생각이 소셜 미디어에서 주목받는 데는 이유가 있다. 그는 개인의 경험을 과학으로 입증한 사실로 뒷받침해 능숙하게 전달하기 때문이다. 이 책은 자신이 남들처럼 하나에 오롯이 집중할 수 없는 이유를 궁금해하는 사람들에게 큰 도움이 될 것이다. 다양한 전략과 개인적인 일화, 새로운 깨달음이 풍성하게 수록되어 있어 ADHD라는 주제에 관심 있는 이들에게 강력히 추천할 만하다.

- **안나 데이비드**, 〈뉴욕 타임스〉 베스트셀러 작가

이 책에는 제시 앤더슨 특유의 유머러스한 솔직함이 곳곳에 녹아 있다. 또한 명쾌하고 실용적인 조언과 전략이 가득하다. ADHD가 있는 모두에게 꼭 필요한 책이다. ADHD에 관해 초보이든 이미 많은 것을 알든, 분명 새로운 것을 배울 수 있을 것이다.

- **린지 귄첼**, ADHD 팟캐스트 'Refocused'의 진행자 겸 제작자

30대에 처음 ADHD 진단을 받았을 때 이 책이 있었다면 매우 도움이 되었을 것 같다. 제시는 독자가 그들의 ADHD 경험을 공감받고 인정받는다고 느끼게 하는 재능을 타고났다. 이것은 ADHD 분야에서 꼭 필요한 요소라고 할 수 있다. 비판하지 않고 공감하는 제시의 통찰력은 최근에 ADHD를 진단받았거나 자신이 신경 다양성이 아닐까 생각하는 사람들에게 매우 유용할 것이다. 이 책에 실린 전략들은 실제로 내가 증상을 바라보는 방식을 바꿔놓았다. 덕분에 자신감도 생기고, ADHD와 함께 살아가는 데 필요한 도구들도 얻었다. 그냥 버티며 사는 게 아니라, ADHD인으로서 내가 가진 강점을 자랑스럽게 여길 수 있게 되었다.

- **트리나 헤인즈**, ADHD 크리에이터이자 'My Lady ADHD'의 설립자

제시는 소셜미디어를 통해 나에게 항상 훌륭한 정보를 전달해 주었는데, 그의 책 역시 마찬가지다. 이 책은 이제 막 ADHD를 진단받은

이 책에 쏟아진 찬사

사람이 읽기에 완벽하다. 누가 읽어도 유용한 관점과 가치 있는 정보를 얻을 수 있을 것이다.

- **론 카팔보**, ADHD 코치이자 강연자

다음번 과집중 대상을 발견한 것을 환영한다. 당신은 지금 막 당신의 뇌와 친구가 되기 위한 ADHD 맞춤형 가이드를 만났다. ADHD로 진단받았다면 꼭 읽어야 할 책이다.

- **르네 마스켈**, 'ADHD Works'의 설립자 겸 CEO, 《ADHD: A to Z》 저자

이 책에는 무료 '보너스 자료'가 포함되어 있습니다.
다음 링크에서 '보너스 자료'를 확인하세요! extrafocusbook.com/bonus

(토론과 반영을 위한 질문 | ADHD 동기 부여 요령 | ADHD 전략 참고 자료 | ADHD 리소스 가이드)

게으름뱅이로 오해받고 살아온
모든 이에게

ADHD와 함께하는 삶을
새롭게 바라볼 수 있기를

서른여섯이 되던 해, 나에게 주의력 결핍 과잉행동 장애가 있다는 사실을 알게 되었다. 대부분이 ADHD로 알고 있는 그 질환 말이다. 친구 브라이언(가명)이 몇 달 전 나보다 먼저 ADHD 진단을 받았다. 어느 날 아내들끼리 이야기를 나누다가, 내 아내는 브라이언의 증상이 나의 행동이나 특성과 매우 유사하다는 것을 깨달았다.

아내는 진찰을 받아보는 게 어떠냐고 제안했지만, 나는 내가 ADHD일 리가 없다고 큰소리쳤다. "내가 관심 있는 일에 집중하는 데는 아무 문제가 없어."라고 말했다. 나는 ADHD에 관해 이미 잘 안다고 생각했다. 그래서 ADHD로 진단받은 사람은 아예 집중을 못 하는 줄로만 알았다.

하지만 아내와의 대화는 그 후로도 내 머릿속에서 계속 맴돌았다. 결국 나는 ADHD에 관해 찾아보기 시작했다. 아내가 내게서 느낀 것들을 직접 확인할 수 있을지 궁금했다. 뭐, 원래 내가 이것저것 파고드는 걸 좋아하는 사람이기도 하다.

머지않아, 나는 ADHD가 있는 사람도 관심 있는 일에는 전혀 문제없이 집중한다는 사실을 알았다. 사실 과집중은 ADHD의 흔한 증상 중 하나다. 과집중은 흥미로운 무언가에 너무 열중한 나머지 다른 모든 것을 잊어버리는 상태를 말한다.

흠…. 어딘가 익숙한 상황이었다. 그동안은 ADHD라고 하면 2초 이상 가만히 있지 못하고 집중력도 바닥인, 과도하게 행동하는 남자아이를 떠올렸다. 다람쥐 꽁무니를 쫓아다니면서 사방팔방 뛰어다니는 그런 아이 말이다. 그런 버전의 ADHD는 나와 거리가 멀어 보였기에 나는 해당 사항이 없다고 생각했다.

하지만 ADHD에 관한 내용을 읽어갈수록 내 모습이 겹쳐 보이기 시작했다. 나의 '별난 성격'이라고 여겼던 많은 부분이 ADHD 환자들이 보이는 매우 흔한 특징이었다. 그 특징은 다음과 같다.

- 항상 동기 부여가 힘들다.
- 새로 취미를 시작했다가도 금방 흥미를 잃는다.
- 아무리 노력해도 늘 모든 일에 늦는다.
- 새롭고 흥미로운 것들에 쉽게 정신이 팔린다.
- 사소하지만 중요한 세부 사항을 자주 잊는다.
- 거절에 유난히 민감하게 반응한다.
- 지루함은 참을 수 없이 견디기 힘들다.
- 감정 기복이 심하고 통제하기 어렵다.
- 즉각적 보상이 없거나 재미없는 일은 미룬다.

알고 보니 나는 ADHD에 관해 제대로 아는 것이 없었다. 자료를 찾아볼수록 ADHD야말로 내 엉킨 머릿속을 풀어줄 열쇠라는 사실이 분명해졌다. 나의 뇌가 왜 이렇게 작동하는지 드디어 이해하게 된 것이다.

그제야 퍼즐이 맞춰졌다. 학창 시절, 선생님들은 늘 내게 칭찬인지 아닌지 모를 말을 했다. '재능은 있는데 잠재력을 충분히 발휘하지 못한다.' '수업에 즐거움을 주는 학생인데 스스로 발목을 잡는다.' 하는 식이었다. 어른들이나 분야의 권위자들은 내 행동을 설명할 때 '게으르다, 미쳤다, 정신 못 차린다, 멍청하다, 이기적이다' 등 아이가 들어선 안 될 끔찍한 단어를 썼다. 마치 내가 일부러 말을 안 듣는 것처럼 평가했다. 하지만 그런 말은 공감되지 않았다. 내가 생각하는 내 모습이 아니었다.

나는 내 머리가 이렇게 돌아가는 것이, 의도와 달리 행동이 따라주지 않는 것이 종종 부끄러웠다. 동시에 혼란스러웠다. 수년간 "대체 무슨 생각으로 그랬어?", "넌 뭐가 문제야?"라는 질문을 수없이 들었다. 솔직히 나도 뭐라고 대답해야 할지 몰랐다.

어려서부터 나는 무엇이든 잘하고 싶은 욕구가 있었다. 친구들이 좋아해 주기를 바랐고, 부모님과 선생님들을 기쁘게 해드리고 싶었으며, 좋은 성적도 받고 싶었다.

어른이 되고 나서도 마찬가지였다. 나는 무언가를 이루고 싶었다. 직장 동료와 친구들이 좋아해 주길 바랐고, 부모님이나 고용주들을 실망시키고 싶지 않았다. 뭔가 대단한 것을 만들어내고, 맡은 일도 제대로 해내고 싶었다. 가끔은 정말 그러기도 했다. 내 안의 무언가가 확 풀리며 엄청난 생산성을 발휘할 때가 있었다. 남다른 창의력이나 독특한 접근법으로 문제를 해결해 주변 사람들이 깜짝 놀라기도 했다. 어떤 때는 일주일 분량의 일을 토요일 오후 몇 시간 만에 뚝딱 해치우기도 했다.

하지만 대체로는 그렇지 않았다. 한 가지 문제에 몇 시간, 심지어 며칠씩 붙잡혀 있을 때가 많았다. 간단한 일도 자꾸 미루고, 속으로는 '그냥 해버려!'라고 소리치면서도 몸이 따라주지 않았다. 그러다 하루가 끝날 때쯤이면 어김없이 시간이 어떻게 흘러갔는지, 끝내지 못한 일들이 왜 이렇게 많은지 의아해하곤 했다.

이제 나는 이해할 수 있다. 이런 어려움을 겪었던 이유는 내 뇌가 남들과 다르기 때문이다. 그러니까 내 뇌는 ADHD를 지닌 뇌였다. 오랫동안 나는 내 뇌가 어떻게 작동하는지, 무엇에 동기 부여가 되는지, 지루하지만 중요한 일에 왜 집중하지 못하는지 이해하지 못했다. 내 의도와는 달리 행동하게 되는 이유를, 마치 스스로를 방해하는 것처럼 구는 이유를 알 수 없었다.

ADHD 진단을 받고 나서야, 내 뇌의 작동 원리를 훨씬 더 잘 알게 되었다. 그리고 더 많이 알아갈수록, 살면서 겪었던 많은 어려움이 이해되기 시작했다. 이 사실이 내가 자주 맞닥뜨렸던 어려움을 해결해 주거나 변명거리가 된 것은 아니다. 하지만 적어도 내 뇌가 왜 그런 방식으로 작동하는지

들어가는 글

설명은 되었다.

늘 즉각적으로 반응해 곤경에 빠진 이유, '더 열심히 노력하는 것'만으로는 효과가 없었던 이유를 이해할 수 있었다. 사람들이 말하던 '엄청난 잠재력'이 왜 항상 손에 잡힐 듯 말 듯했는지도 말이다.

이런 깨달음을 통해, 나는 다른 사람의 기준이나 내가 세운 기준에 미치지 못했던 부분을 스스로 용서할 수 있었다. 내 뇌가 어떻게 작동하는지 새로운 시각을 갖게 되면서, 더 나은 삶의 방식을 찾아갈 수 있었다.

무엇보다 나는 희망을 얻었다. 내 뇌가 다른 사람들과 다르게 작동한다는 사실을 알았고, 그 덕분에 약점을 최소화하고 나만의 강점을 활용할 수 있는 검증된 방법을 찾을 수 있었다. 물론 내 삶이 남들과 다를 수는 있겠지만, 그렇다고 해서 삶의 가치가 떨어지는 것은 아니다.

만약 당신이 ADHD에 관해 처음 알아가는 단계라면, 이 안내서를 통해 기본 지식을 다지고, 성인 ADHD와 함께 잘 살아가는 방법을 배울 수 있을 것이다. ADHD에 관해 이미 잘 알고 있다면, 익숙한 내용도 있겠지만 새로운 통찰과 전략들을 통해 당신의 지식을 실생활에 적용하는 데 도움이 될 것이다.

당신이 어떤 상황에 있든, 이 안내서는 ADHD와 함께하는 삶을 새로운 시각으로 바라볼 수 있게 해줄 것이다. 또한 당신의 뇌와 잘 어울리는 실용적인 동기 부여 전략을 배우게 될 것이다. 어쩌면 처음으로 왜 당신의 뇌가 그런 식으로 작동하는지 그리고 주어진 환경에서 어떻게 잘 해나갈 수 있는지 이해하게 될 것이다.

무엇보다 이 책을 통해 ADHD를 지닌 성인으로서 스트레스를 줄이고 삶의 질은 높여 더욱 만족스러운 삶을 살 수 있기를 바란다.

시작할 준비가 되었는가? 당신은 할 수 있다!

오해와 편견

ADHD의 정신세계 알아보기

ADHD란 무엇일까?

ADHD는 그동안 잘못 알려져 있었다. ADHD라는 말을 들어 보긴 했지만 실제로 정확히 아는 사람은 많지 않다. 혼란은 그 이름에서부터 시작된다.

ADHD는 정말 형편없는 이름이다. 우선, '주의력 결핍 및 과잉행동 장애'라는 명칭은 여러 불필요한 인식과 편견을 불러온다. ADHD를 둘러싼 수많은 오해를 명확히 밝히기는커녕, 오히려 이름 자체가 오해를 더 키운다. 사람들을 혼란스럽게 하고 실제와 동떨어진 인상을 주는 이름이다.

ADHD라는 병명을 듣고 당신은 '나는 과잉행동을 하지 않으니 ADHD일 리가 없어!', '내가 관심 있는 것에는 집중을 잘하니까 ADHD는 아닐 거야!'라고 생각했을지도 모른다. 나도 마찬가지였다. 앞서 말했듯이, 내가 ADHD일 수도 있다는 생각은 평생 해본 적이 없었다.

만약 병명이 좀 더 정확했다면, 내가 더 일찍 진단을 받았을까? 그럴 가능성이 충분하다. 그렇다면 ADHD라는 이름을 좀 더 자세히 살펴보자.

주의력 결핍이 맞을까?

사실 ADHD가 있는 사람들은 주의력이 부족한 것이 아니다. 오히려 그 반대로 주의력이 넘쳐난다. 동시에 모든 것을 신경 쓰다 보니 정작 중요한 것을 놓칠 때가 많다. 주변의 모든 소리와 광경에 지나치게 주의를 기울이다 보면, 밀려드는 정보 속에서 정작 중요한 것을 걸러내기 어려워진다.

가장 중요시해야 할 것들(지금 대화하는 사람, 작업 중인 일, 먹고 마시거나 용변을 봐야 한다고 몸이 보내는 신호 등)이 이런 불필요한 소음 속에 묻혀버리곤 한다. 말을 거는 사람, 작업 중인 프로젝트, 먹고 마시거나 화장실에 가야 한다고 몸이 보내는 신호 등 가장 중요하게 생각해야 할 것들이 불필요한 정보나 신호에 묻혀 사라지는 일이 잦다. 따라서 ADHD가 있는 사람은 '주의력 결핍'보다는 '주의력 조절 장애'가 있다고 하는 편이 훨씬 더 정확하다.

주변의 모든 것이 당신의 관심을 끌기 위해 소리치는 상황에서, 주의력을 조절해 소음 속에서 특정 목소리를 골라내기란 쉽지 않다.

과잉행동이 필수 증상일까?

ADHD 환자 중 일부는 확실히 과잉행동을 보이지만 그렇지 않은 사람도 많다. 특히 여성의 경우, 적어도 겉으로 보기에 과잉행동 증상이 잘 나타나지 않는 경우가 빈번하다.[1]

많은 사람이 과잉행동이 ADHD의 필수 증상이라고 생각해서 자신은 절대 ADHD일 리 없다고 여긴다. 그들을 탓할 수는 없다. 병명에 버젓이 '과잉행동'이라는 단어가 있으니까. 하지만 과잉행동은 ADHD가 나타나는 여러 방식 중 하나일 뿐이다.

ADHD를 지닌 사람 중에는 겉으로는 멀쩡해 보여도 머릿속은 굉장히 활발하게 움직인다고 말하는 이들이 있다. 혹시 당신도 말을 빨리하거나, 손을 움직이고, 낙서를 하며, 가만히 앉아 있을 때 다리를 들썩거리는가? 이런 행동들은

1장. ADHD의 정신세계 알아보기

모두 내면의 과잉행동을 밖으로 해소하는 방법이다.

어쩌면 당신은 머릿속이 쉴 새 없이 돌아가는 것처럼 느낄 수도 있다. 한 번에 수십 가지 아이디어가 동시에 떠오르고, 늘 새로운 아이디어를 좇다가 또 다른 생각으로, 또 그 다음 생각으로 넘어가는 듯한 느낌을 받을 수도 있다.

하지만 이런 내적인 경험은 밖으로 잘 드러나지 않아서 다른 사람들은 알아채기 어렵다. 겉보기에 과잉행동을 하는 것처럼 보이지 않는 사람들에게는 '과잉행동'이라는 용어가 맞지 않아 보인다.

장애일까, 강점일까?

'질병', '장애', '결핍'과 같은 단어들은 보통 부정적이며, 낙인을 찍는 것 같은 의미가 있다. 주로 비장애인 중심주의, 즉 장애와 관련한 단어들을 바람직하지 않게 여기는 사회적 편견 때문에 발생하는 현상이다.

이런 이유로 좀 더 긍정적이거나 장점을 강조하는 언어를 선택하려는 사람도 많다. 예를 들어, ADHD를 '장애'가 아닌 '뇌의 다양성'으로 표현하기도 한다. 이것은 민감한 주제가 될 수 있으므로 양측의 입장을 모두 살펴봐야 할 것이다.

한편 ADHD를 '슈퍼 파워'로 여기는 사람들도 있다. 자신의 뇌가 작동하는 독특한 방식을 긍정적으로 받아들이고, 그 차이를 강점으로 바라보는 것이다. 실제로 상황에 따라 ADHD의 특성이 정말 슈퍼 파워처럼 느껴질 때도 있다.

ADHD가 있는 사람들은 특히 엔터테인먼트, 응급 서비스, 마케팅, 창업, 소프트웨어 개발, 글쓰기처럼 창의성이나 긴급성이 필요한 일을 할 때 능력을 발휘하고 놀라운 성과를 낼 수 있다.

가끔은 나 또한 내 뇌가 작동하는 독특한 방식을 나만의 강점으로 느끼기도 한다. 위급한 상황에서 나는 최고의 능력을 발휘할 수 있다. 또한 창의적이고 새로운 아이디어가 필요한 일이라면 내게 맡기면 된다.

하지만 근태 기록을 꼼꼼하게 작성하거나 경비 보고서를 제때 제출할 사람이 필요하다면 다른 사람을 찾는 게 좋을 것이다. 단순히 그런 일이 싫어서가 아니다(물론 싫어하기도 하지만 말이다.). 내게 그런 일은 말 그대로 불가능하다고 느껴지기 때문이다. 내 뇌는 대부분의 사람과 다른 방식으로 작동해서, 특정 유형의 작업을 완수하는 것이 유독 어렵다.

ADHD 때문에 내 뇌가 자산이 아니라 걸림돌처럼 느껴질 때면, 이런 특성을 '장애'라고 부르는 것도 이해가 된다. 장애라는 말에 부정적인 의미가 있긴 하지만, 나는 그저 있는 그대로를 표현하는 중립적인 의미로 받아들인다.

결국 핵심은, 어떤 상황에서는 일반적인 유형의 뇌를 가진 사람에 비해 내가 제구실을 하거나 맡은 역할을 잘 해내기 어려울 때가 있다는 점이다.

ADHD의 세 가지 발현 양상

ADHD는 사람마다 다르게 나타난다. 그래서 의료진은 비슷한 증상을 경험하는 ADHD 환자들을 분류하기 위해 '발현 양상'이라는 범주를 적용한다. 이렇게 하면 진단과 더불어 더욱 효과적인 치료 계획을 수립할 수 있다.

　　ADHD에는 세 가지 발현 양상(주의력결핍 우세형, 과잉행동-충동 우세형, 복합형)이 있다. 이 분류의 출처는 미국의 정신 건강 전문가들이 개발한 표준 참고 안내서인 《정신질환 진단 및 통계 편람(Diagnostic and Statistical Manual of Mental Disorders, DSM으로 줄여 부른다.)》이다.

　　《DSM》의 초판은 1952년 출간되었으며, 가장 최신판인 《DSM-5-TR》은 2022년에 발행되었다. 《DSM》은 심리학과 정신 의학 분야에서 지침서로 널리 인정받는다. 전문가들이 ADHD를 진단할 때 쓸 수 있는 공통 용어와 발현 양상별 증상 목록을 제공한다.

ADHD의 발현 양상별 증상

다음 페이지의 발현 양상별 증상 목록은 자가 진단 도구는 아니지만, 의료진이 어떤 점을 살펴보는지 그리고 본인이 어떤 유형에 해당하는지 가늠할 수 있다. 다음은 《DSM-5-TR》의 정의에 따른 각 발현 양상의 증상이다. 이해를 돕기 위해 약간 수정했다.

주의력결핍 우세형

- ☐ 세부 사항에 주의를 기울이지 못하거나 부주의한 실수가 잦다.

- ☐ 주의 집중을 지속하기 어렵다.

- ☐ 얼굴을 보고 말을 걸어도 듣지 않는 것처럼 보인다.

- ☐ 지시 사항을 따르기 어렵다.

- ☐ 과제나 활동을 체계적으로 수행하기 어렵다.

- ☐ 꾸준히 신경 써야 하는 일을 피하거나 싫어하거나 꺼린다.

- ☐ 과제나 활동에 필요한 물건을 잘 잃어버린다.

- ☐ 쉽게 주의가 산만해진다.

- ☐ 일상적인 일을 자주 잊어버린다.

과잉행동-충동 우세형

☐ 손발을 가만히 두지 못하고 두드리거나 앉은 자리에서 자꾸만 몸을 꿈틀댄다.

☐ 자리에 가만히 앉아 있기 어렵다.

☐ 적절하지 않은 상황에서 뛰거나 기어오른다. 성인은 안절부절 못한다.

☐ 조용하게 여가 활동을 즐기지 못한다. (예: TV 시청)

☐ 쉴 새 없이 활동하거나 또는 마치 '모터가 달린 것처럼' 행동한다.

☐ 지나치게 말을 많이 한다.

☐ 질문이 끝나기도 전에 대답해 버리는 경우가 잦다.

☐ 차례를 기다리기 어렵다.

☐ 다른 사람의 대화나 행동을 무턱대고 방해하거나 간섭한다.

복합형

☐ 주의력결핍 우세형과 과잉행동-충동 우세형 모두의 기준을 충족한다.

나의 ADHD 발현 양상 알기

《DSM-5-TR》에 따르면, 성인 ADHD 진단 기준은 주의력결핍 우세형 또는 과잉행동-충동 우세형 중 5개 이상의 증상을 가지고 있거나 복합형에 해당하는 증상이 5개 이상인 경우다. 아동의 경우, 6개 이상의 증상이 나타나야 한다. 또한 이런 증상이나 행동이 6개월 이상 지속되어야 하며, 두 곳 이상의 환경(가정, 직장, 학교 등)에서 표출되어야 한다. 그리고 일부 증상은 12세 이전에 발현되어야 한다.

중요한 점은 개인의 ADHD 발현 양상이 변할 수 있다는 것이다. 그래서 ADHD의 '유형'이 아니라 '발현 양상'이라고 부른다. 이는 현재 ADHD를 어떻게 표현하는지, 즉 어떤 증상이 가장 눈에 띄는지를 나타낸다.

예를 들어, 어린 시절에 과잉행동-충동 발현 양상이 우세했던 사람이 시간이 흐르며 성격이나 행동이 차분해져 성인이 되면 복합형이나 주의력결핍 우세형으로 보일 수도 있다. 그렇다 해도 ADHD 진단 자체는 변하지 않는다. 다만 증상이 표현되는 방식이 변했을 뿐이다.

《DSM-5-TR》에서 다루지 않는 부분

《DSM》에 나오는 증상 목록은 의료진이 ADHD를 진단하는 데 도움이 되며, 일반인이 ADHD의 주요 증상들을 이해하는 데도 유용하다. 하지만 이 목록은 ADHD와 함께 살아가는 삶의 여러 중요한 실상까지 세밀하게 담아내지는 못한다.

동기 부여, 과잉집중, 감정 조절 문제, 거절에 대한 민감성, 시간 관리의 어려움, 기억력 부족 등의 문제들은 다루지 않는다. 앞으로 살펴볼 내용에서 알게 되겠지만, ADHD에는 《DSM-5-TR》에서 보여주는 것보다 훨씬 더 복잡하고 다양한 측면이 있다.

자꾸만 흐트러지는 주의력

카페에 앉아 노트북으로 작업하고 있는데, 오랜 친구가 들어온다. 친구가 나를 알아보고 인사하러 다가온다. 나는 잠시 노트북 화면에서 시선을 떼고 인사를 건네며 친구와 대화를 시작한다. 몇 분간 이야기하고 나니 주의력이 점점 흐트러지기 시작한다.

친구는 계속 떠들고 있지만, 나는 노트북에 창을 띄워둔 프로젝트를 생각한다. 근처에 있던 꼬마가 방금 탁자에 머리를 부딪쳤는데 주위를 살피며 울어야 할지 말아야 할지 고민하고 있다. 카페의 바리스타는 동료에게 과속 딱지를 떼었다며 불평한다. 그런데 저 앞 창가에 앉아 있는 커플은 지금 헤어지려는 걸까?

나는 카페 구석에 있는 벽이 진짜 벽돌로 만든 것인지 가짜 패널을 붙인 것인지 생각한다. 가짜라면 정말 그럴듯하게 만들었다. 우리 사무실에 붙이면 어떨지 궁금해진다. 사무실에 벽돌 벽이라…. 근사할 것 같다. 서부 해안 지역에서는 벽돌 벽이 여전히 인기가 많으니까.

불현듯 친구가 말을 멈추고 언짢은 표정을 짓고 있다는 사실을 깨달았다. 무슨 일이 있었던 거지? 대화에 집중해야 한다는 걸 알고 있었는데도 정신이 딴 데로 팔린 모양이다. 나는 집중하고 싶었다. 나는 친구를 소중히 여기는 사람이라 절대 일부러 그들을 소홀히 대하지는 않는다.

하지만 어느 순간, 내 뇌는 주변에서 일어나는 다른 모든 '흥미로운 일들'을 그냥 지나칠 수 없었다. 내가 꽤 오랫동안 딴생각했다는 걸 깨달았을 때는 이미 친구의 기분이 상한 후였다.

우리 뇌 속의 '주의력 도우미'

매 순간 우리의 뇌는 엄청난 양의 정보를 받아들인다. 이 모든 정보를 처리하기 위해 뇌는 중요한 데이터와 그렇지 않은 데이터를 순간적으로 판단해 결정한다. 마치 우리 뇌 안에 '주의력 도우미'가 있어서 주변의 모든 신호를 모아 분류하는 것만 같다.

카페에 있을 때, 내 주의력 도우미는 친구의 목소리 외에도 다음과 같은 것들을 바쁘게 감지하고 있었다.

- 주변에서 들리는 대화 소리
- 캐러멜 마키아토와 로스팅 중인 커피 원두의 달콤한 향기
- 머리를 부딪친 아이의 모습

1장. ADHD의 정신세계 알아보기

- 키보드 위에 얹어둔 손가락의 감각
- 창가에 앉아 있는 심각한 표정의 커플
- 그리고 주변에서 일어나는 수백 가지 다른 일들

주의력 도우미는 이 모든 정보를 받아들인 다음, 그중에서 중요한 정보를 골라내어 당신의 의식이 무엇에 집중해야 할지 알려준다.

ADHD가 없는 사람의 경우, 주의력 도우미는 엄청난 양의 정보를 훑어보고 중요한 것과 그렇지 않은 것을 구분한다. 그런 다음, 가장 중요한 정보만 골라 깔끔하게 정리해서 의식에 전달한다. 카페에서 일어나는 온갖 방해 요소들은 자동으로 걸러진다. 덕분에 의식은 그런 것들을 무시하고 정작 중요한 것, 즉 친구와의 대화에 계속 집중할 수 있다.

하지만 ADHD가 있으면, 주의력 도우미는 중요한 정보와 무시해도 될 정보를 제대로 구분하지 못한다. 중요한 정보만 깔끔하게 정리된 형태로 받는 게 아니라, 중요하지 않은 것까지 모든 정보를 한꺼번에 받는다. 결국, 분류되지 않고 여과되지 않은 엄청난 양의 정보를 혼자 처리해야 하는 상황에 놓인다.

이러한 혼란 속에서 뇌는 무엇에 집중해야 할지 몰라

모든 것에 동시에 집중하려고 한다. 그게 안 되면(물론 실패할 것이다.) 그중에서 가장 흥미롭거나 눈에 띄는 것들만 골라내기 시작한다. 가장 '중요한' 것이 아니라 가장 '반짝이는' 것에 몰입하게 된다. 그러다 보면 그것에 너무 집중한 나머지 다른 것들은 전부 잊어버리고 만다.

대화에 집중하는 것이 중요하다는 사실은 안다. 하지만 너무 많은 정보가 들어와서 대화의 흐름을 놓치고 다른 것에 주의가 산만해진다. 마치 끊임없이 쏟아지는 정보에 압도되어, 무언가 흥미로운 것을 발견하면 다른 것은 완전히 무시하는 것과 같다. 그러니 꽂히는 것에만 집중하게 된다. 그것이 실제로 중요하든 아니든 말이다.

　　　　　　　　　　　　1장. ADHD의 정신세계 알아보기

과집중과 몰입

어릴 때부터 나는 내가 관심 있는 일에 엄청나게 몰입할 수 있다는 사실을 잘 알고 있었다. 비디오 게임, 공상과학 소설 읽기, 웹 디자인 배우기, 트레이딩 카드(수집용 카드의 한 종류로, 주로 스포츠 선수, 만화 캐릭터, 영화 캐릭터 등의 이미지와 정보가 인쇄된 카드-옮긴이) 정리하기, 기타 남다른 취미에 푹 빠지면 그 세계에서 몇 시간이고 보낼 수 있었다. 그냥 집중하는 정도가 아니라, 그야말로 과하게 집중한 상태였다. 너무 깊이 빠져있어서 다른 어떤 것도 내 관심을 끌 수 없을 정도였다.

음식? 수면? 알람? 약속? 화장실 가는 시간? 누가 내 이름을 부르는 소리? 시간이 흘러간다는 감각? 과집중 상태일 때는 이 중 어느 것 하나도 신경 쓰지 못했다. 결국, 어느 시점에 이르러서야 몰입 상태에서 깨어나곤 했다. 그동안 여러 신호가 나를 기다리며 쌓여 있었다. 그러면 갑자기 정신이 번쩍 들어 화장실로 달려가거나, 누군가에게 급히 사과하거나, 또다시 중요한 것을 놓쳐버린 나 자신을 질책했다. 이런 과정의 반복이었다.

과집중과 몰입의 차이는 무엇일까?

과집중은 몰입 상태라는 개념과 비슷해 보이지만 둘 사이에는 차이가 있다. 몰입 상태는 어떤 활동에 완전히 빠져들어 열중하는 경험을 말한다. 주로 자신의 실력에 딱 맞는 적절한 도전 과제를 만났을 때 일어난다. 많은 사람이 이를 '무아지경'이라고 표현하는데, 자신을 잊은 채 최고의 성과를 내며 수월하게 일을 해내는 순간을 말한다.

몰입 상태에서는 '나를 막을 수 없어!'라고 생각하게(그리고 믿게) 된다. 하지만 몰입 상태에서는 필요할 때 다른 일로 주의를 전환할 수 있다. 이것이 핵심 차이점이다.

반면 과집중 상태에서는 꼼짝도 못 하고 갇힌 듯한 느

낌이 든다. 과집중하는 대상과 자신 사이에 하나의 직선만 있는 것 같은 느낌이다. 따라서 그저 '멈출 수가 없어!'라고 생각하게 된다. 다른 곳으로 주의를 돌리면, 지금의 추진력을 잃고 다시는 되돌릴 수 없을 거란 두려움이 생긴다.

과집중에는 종종 강박과 완벽주의적 성향이 동반된다. 다시는 이렇게 동기 부여가 안 될 것 같고, 잠깐 멈추면 그 일을 잊어버릴까 걱정스러워서 끝낼 때까지 일을 계속해야 한다고 생각한다. 급히 처리할 프로젝트라면 이런 상태가 도움이 될 수 있지만, 중요하지 않은 일에 빠지면 그다지 생산적이지 않다.

과집중 상태에서는 그 일이 지금 할 수 있는 가장 중요한 일처럼 느껴진다. 그래서 '이 부분만 끝내고 밥을 먹어야지', '한 번만 더 하고 샤워해야지'라고 스스로 타협하기도 한다. 멈추면 모든 게 끝나버릴까 두려워서 말이다.

하지만 막상 멈췄을 때, 그렇게 몰입했던 일이 사실 그다지 중요하지 않았다는 사실을 깨닫게 된다. 그저 그 순간에 무시할 수 없었던 사소한 일이었을 뿐이다. 솔직히 말해, 최적의 신발 끈 길이를 2시간이나 연구할 필요가 있었겠는가? 아마 아니었을 것이다.

무시할 수 없는 사소한 일들

소프트웨어 개발자로서 프로젝트를 진행하다 보면 결국에
는 그다지 중요하지 않은 사소한 세부 사항에 지나치게 집
중할 때가 있다. 예를 들어, 새로운 앱 페이지를 만들다가 버
튼 스타일을 고르는 데 시간을 허비하곤 한다. 어쩌면 이 버
튼을 재사용하면서 색상, 폰트, 크기 등을 자유자재로 바꿀
수 있는 해결책을 만들 수도 있겠다는 생각이 든다.

정신을 차려보면 8시간이 훌쩍 지나 있고, 정작 페이지
는 완성되지 않았는데 복잡한 버튼 시스템만 완성돼 있다.
사실 필요한 건 단 하나의 버튼뿐이었는데 말이다.

당신도 이런 과도한 집중으로 쓸데없이 책장을 정리하

　　　　　　　　　　　　1장. ADHD의 정신세계 알아보기

거나, 다시는 들여다보지 않을 방대한 연구 프로젝트를 완성하거나, 결국엔 다시 큰 통에 쏟아부을 레고 블록을 색상별로 완벽하게 분류한 경험이 있을 것이다.

반면 이런 과집중의 에너지를 제대로 발휘할 때는 생산성이 엄청날 수 있다. 중요한 프로젝트나 학교 과제를 4주 동안 미뤘다가 마감 전날 밤 긴박감에 휩싸여 초집중 상태에 돌입하기도 한다. 그러면 평소의 10배 속도로 작업하며 단 하룻밤 만에(뜬눈으로 지새우며) 모든 것을 끝내버린다. 하지만 이런 '생산적인' 과집중도 문제를 일으킬 수 있다. 자기 능력과 일 처리 속도에 대해 비현실적인 기대치를 가질 수 있기 때문이다.

항상 10배의 속도로 일할 수는 없기에, 평소의 업무량으로는 자신이 지닌 잠재력에 미치지 못한다고 느낄 수도 있다. 이때 '잠재력'이라는 저주받은 단어가 다시 등장한다. 생산적인 과집중을 경험해 본 사람들은 그 수준의 생산성이 자신에게 당연한 일상이라 여기고, 그에 미치지 못하면 실패했다고 생각하기 쉽다.

과집중의 또 다른 문제는 주변 사람들이 한 가지 일에 열중하는 당신의 모습을 보고 집중력을 자유자재로 조절할 수 있다고 오해한다는 점이다. 그래서 주변 사람들에게서

"게임을 할 때는 잘만 집중하더니!"라거나 "네가 정말 원하기만 하면 지루한 일에도 집중할 수 있을 텐데."라는 말을 들을 수도 있다.

또한 당신의 산만함이 마치 고의적인 반항이나 이기심, 더 나쁘게는 게으름으로 보일 수도 있다. 하지만 이는 사실이 아니다. 순전히 의지만으로 집중력을 통제할 수는 없기 때문이다. 그 일이 아무리 중요하고, 다른 사람이 아무리 원해도, 심지어 스스로 아무리 집중하고 싶어도 집중력을 강제할 수는 없다.

그보다는 무엇이 우리의 뇌를 집중하게 만드는지, 무엇이 우리에게 동기를 부여하는지 이해하는 것이 훨씬 중요하다. 이러한 지식을 바탕으로 자신의 강점을 활용할 수 있게 된 ADHD 옹호자 제시카 매케이브Jessica Mccabe[2]의 말을 빌리자면, '뇌에 맞서 싸우지 않고 함께 일하는 법'을 터득하는 것이 가장 중요하다.

1장. ADHD의 정신세계 알아보기

동기 부여

ADHD 뇌를 행동으로 이끄는 법

ADHD 뇌에 적합한 방식 찾기

ADHD가 있는 사람들이 겪는 큰 어려움 중 하나는 동기 부여 방법을 찾기 어렵다는 점이다. 문제는 모두가, ADHD가 있는 사람도 다른 사람들과 같은 것에 동기 부여가 될 거라고 기대한다는 점이다. 심지어 ADHD가 있는 사람들 스스로도 그렇게 생각한다. 하지만 이것이 통하지 않을 때 당혹감을 느낀다.

동기 부여를 위한 가장 흔한 해결책으로 많은 사람이 최신 생산성 팁과 기술을 찾아 적용해 보곤 한다. 하지만 나와

2장. ADHD 뇌를 행동으로 이끄는 법

비슷한 경우라면, 결국 아무것도 하루 이틀 이상 지속되지 않아 결국 좌절할 것이다. 그러다 보면 열정은 넘쳤지만 방향을 잘못 잡은 시도의 무덤만 쌓여간다. 도움이 될 거라 생각했던 복잡한 시스템의 일정 관리 앱은 결국 버려지고, 멋들어진 플래너들은 몇 장 채우지도 못한 채 방치되곤 한다.

이러한 시스템은 사용자의 뇌에 맞춰 설계되지 않았기 때문에 효과가 거의 없다. 당신에게는 ADHD 뇌의 작동 방식을 고려한 새로운 접근 방식이 필요하다. 이에 대해서는 잠시 후에 더 자세히 설명할 것이다.

흔히 '신경형 인간(Neurotypical Humans, 신경학적으로 전형적인 사람을 의미하는 용어로, 일반적으로 대다수의 사람이 가진 뇌의 발달 방식과 행동 패턴을 가리킨다.-옮긴이)'이라 불리는 대부분의 사람은 주로 세 가지 주요 요인에 영향을 받아 동기를 얻는다. 바로 중요성, 보상 그리고 부정적 결과다. 따라서 무언가가 중요하다고 느끼면 '할 일 목록'의 맨 위에 올려놓는다.

큰 보상이나 불이익이 따르는 일도 마찬가지다. 대부분의 생산성 전략과 시스템은 이러한 사실을 전제로 만들어진다. 이에 따라 ADHD가 있는 사람들은 자신들의 동기 부여 방식에 대해서도 세 가지 커다란 오해에 빠지기 쉽다.

ADHD와 동기 부여에 대한 오해들

1. 자신에게 '중요한 일'이라면 반드시 해낸다.
2. '보상'을 늘리면 동기 부여 정도도 높아진다.
3. '결과'를 가혹하게 만들면 의지가 강해진다.

우리는 대개 무엇이 중요한지 알고 있다. 중요한 일이라면 하고 싶어진다. 하지만 그 자체로 동기 부여가 되지는 않는다. 즉각적인 보상과 처벌은 때때로 동기를 부여할 수 있지만, 나중에 주어지는 보상은 거의 효과가 없다.

단순히 더 열심히 노력하는 것만으로는 문제가 해결되지 않는다. 우리는 다른 방식으로, 즉 우리의 뇌에 적합한 방식으로 동기 부여 문제에 접근해야 한다. 특히 우리가 직면하는 가장 큰 난관 중 하나는 일을 '시작하는' 것이다. 생각을 행동으로 옮기는 그 순간 말이다.

정신과 의사이자 성인 ADHD 치료의 선구자 중 한 명인 윌리엄 도슨William Dodson 박사는 ADHD 환자의 신경계는 일반인과는 다르다고 말한다. 그의 이론에 따르면, 대부분의 사람이 '중요성' 기반 신경계를 가진 데 반해, ADHD를 지닌 사람들은 '흥미' 기반 신경계를 가졌다. 이들은 주로 흥미, 새로움, 도전, 긴박함을 통해 동기를 얻는다.

흥미 기반 신경계라는 말을 처음 들어봤더라도, 지금 이 글을 읽으면 바로 이해가 될 것이다. 당신에게 ADHD가 있다면, 다음 달이 마감인 큰 프로젝트나 보고서처럼 정말 중요한 일을 시작할 동기를 찾는 데 어려움을 겪어봤을 것이다. 하지만 흥미로운 새 취미를 탐구하거나, 남들이 불가능하다고 한 퍼즐을 푸는 데는 별 어려움 없이 동기를 찾았을 수도 있다. 또한, 마감일이 임박했을 때는 중요한 프로젝트에 집중할 수 있었을 것이다.

나 역시 몇 주 또는 몇 달의 여유가 있었음에도 마감 전날에야 겨우 시작할 동기를 찾아 밤새워 일한 적이 많다. 그리고 그때 오히려 최고의 성과를 내는 경우가 많았다.

하지만 희소식도 있다. 무엇이 우리 뇌에 동기를 부여하는지 알면, 이 지식을 활용해 일의 시작, 즉 동기 부여와 관련해 우리가 제일 어려움을 많이 겪는 문제에 도움을 받을 수 있기 때문이다. 바로 여기서 '4C 전략'이 등장한다. '4C 전략'은 간단하고 기억하기 쉬운 지침으로, 당신이 다소 뒤처져 있다고 느끼거나 부담을 느끼더라도 동기를 부여받고 일을 다시 시작하는 데 도움이 된다.

4C 전략 활용하기

시작하기 어려운 일에 가로막혔을 때, 다음의 네 가지 전략을 활용해 행동의 불씨를 지펴보자.

- 흥미 유발(Captivate)
- 새로움 창출(Create)
- 도전 설정(Compete)
- 긴박감 조성(Complete)

이 네 가지 전략을 어떻게 적용할지 당장 떠오르지 않을 수도 있으니, 적절한 마음가짐을 갖는 데 도움이 될 만한 몇 가지 예시를 살펴보겠다.

2장. ADHD 뇌를 행동으로 이끄는 법

4C 전략을 실천하는 방법

사람들이 대부분 싫어하는 '설거지'를 예로 들어보겠다. 설거지는 지루하고 단조롭고 평범한 일이라 내 뇌는 설거지를 정말 싫어한다. 중요한 일이지만, 재미있거나 신나지는 않는다.

설거지는 우리의 흥미 중심 뇌에 아무 도움이 되지 않는 잡일이다. 시작한다는 것 외에는 진정한 도전이라 할 수 없고, 흥미롭거나 매력적인 요소도 없으며, 창의성이나 새로움을 찾아볼 수 없을뿐더러 절대적으로 급한 일도 아니다.

언제든 종이 접시를 사용하거나, 필요할 때만 대충 접시를 헹구어 쓰면 그만이다. 정 안되면 종이 타월로 때우기도 한다. 나도 해봤고 당신도 해봤을 것이다. 급할 땐 어쩔 수 없다.

그렇다면 이 지루한 집안일에 어떻게 동기를 부여할 수 있을까? 4C 전략을 하나씩 살펴보며 이 상황에 어떻게 적용할 수 있는지 알아보자.

흥미 유발: 설거지를 흥미롭게 만들어라

설거지 자체를 흥미롭게 만들긴 어렵겠지만, 요즘 당신이 새로 빠져든 취미가 있다면 그 주제에 관한 괜찮은 팟캐스트나 오디오북을 들으며 할 수 있다. 이 콘텐츠는 오직 설거지

할 때만 듣는 걸로 정해두는 것이다.

이렇게 하면 '설거지하기'가 '좋아하는 팟캐스트 듣기'로 바뀌고, 설거지는 그저 듣는 동안 하는 부수적인 활동이 된다.

새로움 창출: 설거지에 새로움을 더하라

설거지를 새롭게 느끼게 하는 간단한 방법은 많다. 처음에는 좀 바보 같아 보일 수 있지만, 설거지를 시작할 동기를 찾는 데는 정말 도움이 된다.

예를 들어, 설거지가 끝나면 식기를 먼저 식탁에 내려놓고 종류별로 쌓은 다음 찬장에 넣어보자. 아니면 식기세척기에 알파벳 순서로 넣어보는 건 어떨까? 그릇(bowl), 컵(cup), 포크(fork), 칼(knife), 접시(plate), 숟가락(spoon) 순서로 집어넣는 것이다.

이런 작은 변화들이 지루한 일에 약간의 새로움을 더해 뇌를 자극하고 일을 바로 시작하게 도울 수 있다.

도전 설정: 설거지를 재미있는 도전으로 만들어라

타이머를 설정하고 주방, 식당, 사무실, 욕실, 차 안 등 온갖 곳에 있는 더러운 식기를 얼마나 빨리 모을 수 있는지 겨뤄

보자. 파트너를 정해 경쟁하거나 전화로 친구와 내기할 수도 있다. 시작할 때 서로에게 문자를 보내고, 누가 먼저 식기세척기에 그릇을 모두 넣는지 겨뤄보는 것이다. 이기고 싶은 내적 욕구를 불태워보자. 그리고 이 일을 해낸 것을 서로 축하해주자.

긴박감 조성: 설거지에 긴박감을 더하라

긴박감을 조성하는 것은 대개 시간이 촉박한 마감일을 설정하는 것과 관련이 있다. 예를 들어, 좋아하는 야간 TV 프로그램을 예약해 두고, 설거지를 끝내기 전까지는 보지 않기로 규칙을 정해보자. 또는 단순히 타이머를 설정하는 것만으로도 긴박감을 불러일으켜 행동하게 만든다.

지금 당장 효과적인 전략 찾기

주의할 점은 이런 방법이 항상 통하지는 않는다는 것이다. 영원한 해결책은 아니더라도 대부분 무난하고, 예상할 수 있는 일이다. 우리는 설거지 문제를 '완벽하게 해결할 방법'을 찾는 것이 아니다. 그저 지금 이 순간 도움이 될 만한 방법을 찾는 것이다. 효과가 없다면 그냥 넘어가고 새로운 방법을 시도하면 된다. 나중에 다시 시도해 볼 수도 있다.

우리의 뇌는 항상 새로운 것을 찾기 때문에 이런 전략들을 자주 바꿔야 한다. 한 주 동안은 잘 통했다가 그다음 주에는 전혀 먹히지 않을 수도 있다. 그럴 때는 '4C 전략'을 이용해 새로운 전략을 만들 수 있다.

소파에 푹 파묻혀 아무것도 할 수 없을 것 같은 기분이 들 때, 흥미 유발(Captivate), 새로움 창출(Create), 도전 설정(Compete), 긴박감 조성(Complete) 중 어떤 방법으로 일을 시작하고 움직일 수 있을지 생각해 보라.

2장. ADHD 뇌를 행동으로 이끄는 법

4C 템플릿 활용하기

템플릿Template은 어떤 작업이나 과정에서 반복적으로 사용되는 형식이나 구조를 미리 만들어 놓은 기본 틀을 말한다. 템플릿은 문서 작성이나 프로그래밍 등 다양한 분야에서 사용하며, 이를 통해 효율성을 높이고 일관된 결과를 얻을 수 있다. 4C 템플릿은 동기 부여를 촉진하는 데 도움이 되는 편리한 양식이다. 무언가를 시작하기 전에 다음 질문들을 스스로에게 던져보자.

- 흥미 유발(Captivate): 어떻게 하면 흥미롭게 만들 수 있을까?
- 새로움 창출(Create): 어떻게 하면 창의적이거나 새롭게 만들 수 있을까?
- 도전 설정(Compete): 어떻게 하면 경쟁적이거나 도전적으로 만들 수 있을까?
- 긴박감 조성(Complete): 어떻게 하면 빨리 끝내야 한다고 느끼게 할 수 있을까?

이럴 때 이 공식을 활용해 보자. [중요한 과제 혹은 프로젝트]를 시작하기 위해, 우리는 [흥미 유발, 새로움 창출, 도전 설정, 긴박감 조성] 중 하나를 사용해 동기를 불러일으키고 추진력을 얻을 수 있다.

동기 부여를 위한 추진력을 쌓아라

4C 전략은 진전이 없는 특정 과제를 시작할 수 있는 좋은 방법이지만, 다른 여러 일을 처리하는 추진력을 불러올 수도 있다. ADHD와 함께 살아가려면 생산적 에너지를 효과적으로 관리하는 것이 중요하다. 동기 부여를 기차에 비유해 보자. 기차는 힘이 엄청나게 강력해서 일단 움직이기 시작하면 멈추기 힘들 정도다. 하지만 처음에는 움직이지 않는 무거운 덩어리일 뿐이라 아예 출발도 못 할 것 같은 기분이 든다.

그런데 여기서 중요한 점은 기차가 모든 것을 한 번에 움직이지 않는다는 것이다. 그것은 불가능한 일이다. 기차는 수십 량, 어쩌면 백 량 이상의 객차로 이루어져 있으므로, 이 모든 무게를 한 번에 움직이기에는 너무 무겁다. 대신 한두 대의 엔진만 먼저 가동하면서 움직이기 시작한다.

엔진이 객차 하나를 당기고, 그다음 객차를, 또 그다음 객차를 당긴다. 계속 앞으로 나아가며 엔진이 속도를 내면각 객차 사이의 연결고리가 하나씩 팽팽해지고, 결국 1만 2천 톤의 화물을 끌어당기며 기차 전체가 최고 속도로 달리게 되는 것이다. 그러니 우리가 기차 전체를 한 번에 움직이려고 할 때 제자리에 멈춰 있는 일이 자주 발생하는 것도 당연하다.

생산성 향상을 위한 유명한 조언 중 하나는 '개구리부터 먹어라(미국의 작가 마크 트웨인Mark Twain이 한 말 중 "만약 당신이 아침에 살아 있는 개구리를 먹어야 한다면, 하루의 나머지 시간 동안 더 나쁠 일은 없을 것이다."에서 유래했다.-옮긴이)'이다. 다시 말해, 무언가를 할 때 쉬운 일보다 어려운 일, 하기 싫은 일을 먼저 해치우라는 뜻이다. 언뜻 일리 있어 보인다. 하지만 이런 조언은 ADHD가 있는 사람들에게는 오히려 독이 될 수 있다.

가장 어려운 문제를 먼저 해결하면 나머지는 수월해질 거라고 생각하는 것은 얼핏 논리적으로 들릴 수 있다. 하지만 현실은 대개 그렇게 흘러가지 않는다. 처음부터 어려운 일을 하려고 하면 아직 추진력이 충분히 붙지 않아 버거울 수 있다. 결국 온종일 그 일만 바라보다가 아무것도 못 하고 끝나버리는 경우가 많다.

아니면 개구리나 기차에 관해 연구하며 시간을 보내게 될지도 모른다. 반드시 해야 할 일이지만, 미치도록 하기 싫은 그 일만 피하면서 말이다. 그 무게감이 너무나 큰 탓이다. 하루가 끝날 때쯤 되돌아보면 하기 싫은 일은 처음 그 자리에 그대로 있다. 노력은 했지만 아무 성과도 얻지 못한 상태가 된다. 헛바퀴만 돌린 셈이다.

엄청난 무게감이 우리를 가로막는 저항력이자 방해물이다. 우리는 항상 이러한 저항에 맞서게 될 테니, 먼저 이를 극복할 만한 추진력부터 쌓아야 한다. 가장 좋은 방법은 바로 시작할 수 있을 정도로 긍정적인 추진력을 조금씩 쌓아

가는 것이다. 그러다 보면 어려운 일들도 덜 부담스럽게 느껴질 것이다. 그러니 무턱대고 개구리부터 먹지 말아야 한다. 대신 '아이스크림부터 먹자!'

거창하지만 어려워서 하기 싫은 일부터 시작하지 말고, 흥미롭고 재미있는 작은 일들을 찾아 그것부터 시작해 보자. 흥미를 유발하고, 새로움을 창출하며, 도전을 설정하면서도 긴박감을 조성하는 접근법과 자연스럽게 맞는 일 말이다. 재미있는 일을 나중으로 미루지 말자. 그것을 이용해 움직이기 시작하자.

조금씩 진전해 가며 추진력을 쌓아가자. 일단 움직이기 시작해서 속도가 붙으면, 어려운 일들도 더 이상 불가능하게 느껴지지 않을 것이다.

당신도 우연히 이런 경험을 해봤을지 모른다. 재미있고 쉬운 일부터 하다가 작업에 몰입해 자연스럽게 흐름을 타게 되고, 그 기세를 몰아 엄청나게 어려운 일을 해내고 있음을 문득 깨달은 적은 없는가? 전에는 아무리 노력해도 시작조차 할 수 없었던 그런 일 말이다. 일단 기차가 최고 속도로 달리기 시작하면, 무엇도 당신을 막을 수 없다.

습관과 루틴을 만들어라

ADHD가 있는 사람들이 겪는 큰 모순 중 하나는 구조화된 생활과의 관계다. 구조화된 생활 습관은 삶을 관리하는 데 꼭 필요하지만, 동시에 이를 거부하고 싶은 강한 욕구가 있다. 구조화가 필요하다는 것을 알면서도 왠지 답답하게 느껴지기 때문이다. 일단 규칙들을 정해 놓으면 정작 하고 싶은 일들을 못 하게 될까 봐 걱정하는 것이다.

즉흥적으로 행동하고 싶고, 계획에 없더라도 흥미롭고 새로운 것들을 찾아 나서고 싶다. 삶을 관리한다는 명목으로 구조와 규칙을 만들면 마치 자유를 잃는 것처럼 느껴지기도 한다.

단지 구조를 만든다는 생각만으로도 이런 느낌이 들 수 있다. 하지만 현실을 직시해야 한다. 체계와 루틴이 없으면 우리의 삶은 금방이라도 엉망이 될 수 있다. 이것저것 건드리기만 하다가 정작 이루고자 했던 목표는 하나도 달성하지 못한다. 따라서 우리의 뇌와 조화를 이뤄 효율적으로 일하려면, 구조화 문제부터 정면으로 다뤄야 한다.

그러려면 우리 뇌의 자연스러운 리듬에 맞춰 작업하는 것이 좋다. 우리가 사용하는 체계와 루틴은 우리를 제한하는

2장. ADHD 뇌를 행동으로 이끄는 법

느낌이 아니라 힘을 실어주는 느낌이어야 한다. 이를 위해, 긍정적인 습관부터 만들면 구조화에 대한 답답함을 피할 수 있다.

보상 추구를 예로 들어보자. 내가 설거지를 마쳤을 때 아내가 내 볼에 뽀뽀해 주면서 "잘했어요!"라고 말해준다면 이 행동을 반복할 가능성이 훨씬 커질 것이다. 그리고 다음에 설거지를 생각할 때 지난번에 받았던 긍정적인 보상이 떠오르면, 다시 개수대 앞에 설 가능성이 커진다. 격려는 긍정적인 순환을 만들어낸다. 긍정적인 행동을 하고 좋은 결과를 얻으면, 뇌는 이것이 좋은 일이라고 학습한다. 간단한 원리다.

미로의 끝에 다다르면 치즈를 얻는 쥐를 상상해 보라. 처음 미로에 들어갔을 때 쥐는 어디로 가야 할지 모르고 천천히 돌아다닌다. 하지만 미로 끝에 맛있는 간식이 있다는 것을 알고 나면, 계속 미로에 들어가고 싶어 한다. 얼마 지나지 않아 쥐는 미로에 들어가면 주저하지 않고 곧바로 결승선으로 달려간다. 결국에는 치즈 없이도 동기 부여가 된다.

당신의 루틴도 이렇게 만들어야 한다. 반복적인 일상을 보내고 있다는 사실조차 모를 정도로 자연스럽게 느껴져야 한다. 아무 생각 없이 평소에 하던 일을 지속하는 것이다.

보상받는 행동은 반복하기도 쉽다. 지속 가능한 루틴을

만들고 싶다면, 긍정적인 피드백은 최대한 많이 받고, 부정적인 피드백은 최소화해야 한다. 반대로, 저항을 받는 행동은 반복하기 어렵다.

어떤 일을 반복하려다 저항에 부딪히면, 뇌는 '별로 재미없었어. 다음엔 하지 말자'라고 말한다. 그러니 이 과정에서 마찰이나 부정적인 피드백은 최대한 제거해야 한다. 이런 현실 때문에 재미없는 일을 하기가 어렵다. 하지만 긍정적인 피드백을 만들어내는 방법을 찾으면 균형을 맞출 수 있다.

어이없어 보이는 방법도 때론 효과가 있다

ADHD가 있다는 사실을 알기 전 오랫동안 나는 기본적인 집안일을 하기 어려웠다. 하고 싶은 마음은 있었지만 실천할 동기를 찾지 못했다. 계속 상황을 방치하다 보니 집은 엉망이 되어갔다. 이런 고민을 친구 브라이언에게 털어놓았을 때 (당시에는 그도 ADHD 진단을 받지 않은 상태였다), 그는 무척 공감한다는 듯이 고개를 끄덕였다. 자신도 같은 문제로 오랫동안 힘들었다고 했다.

우리는 근본적인 문제 중 하나가 긍정적인 강화가 전혀 없다는 점이라는 사실을 깨달았다. 물론 설거지를 하고 주변을 정리하면 객관적으로는 집이 더 깨끗해지고 보기 좋아질 것이다. 하지만 그런 만족감은 추상적이고 즉각적으로 느끼기 어려웠다. 설거지를 끝내고 나면, 우리 뇌에서 '잘했어. 더 자주 설거지를 해야겠네!'라고 즉각적으로 들리는 목소리가 없었기에 설거지 루틴을 만들기 어려웠다.

불평을 하거나 기본적인 집안일도 못 하는 성인 남자 두 명을 동정해달라고 이런 이야기를 하는 게 아니다. 사실 이런 이야기를 하는 건 조금 창피하기도 하다. 그저 솔직히 말하고 싶었을 뿐이다. 이런 사소한 집안일도 할 수 없게 만드는 장애물이 늘 내 머릿속에 있는 것 같았다.

결국, 브라이언과 나는 우리 손으로 직접 해결해 보기로 했다. 우리 둘 다 무언가를 해내려면 '긍정 강화'가 절실히 필요하다는 사실을 알고 있었다. 그래서 우리는 아무리 지루

한 집안일이라도 그것을 해냈을 때는 서로를 칭찬하고 격려해 주기로 약속했다.

내가 '방금 설거지를 끝냈어!'라고 문자를 보내면, 그는 '그래, 잘했어. 친구! 대단하네! 나도 지금 설거지하고 있어!'라고 답장을 보내곤 했다. 나도 비슷한 방식으로 그에게 응답했다. 그리고 다음 날 밤에도 같은 일이 반복되었다. 누군가는 바보 같아 보인다거나, 긍정적인 피드백을 얻기 위해 일종의 꼼수를 쓰는 거라 효과가 없을 거라 생각할 수도 있다. 하지만 이것은 정말로 효과가 있었다!

처음에는 농담처럼 시작했지만, 그 '농담'이 결국 중요한 무언가로 발전했다. 좋은 동기 부여가 된 것이다. 나는 누군가에게 "나 설거지했어!"라고 말할 수 있다는 이유만으로 설거지를 시작하게 되었고, 이것이 브라이언에게도 자극이 된다는 사실을 알 수 있었다.

알고 보니 우리가 만든 작은 책임 시스템에는 정말로 무언가가 있었다. 이것은 그저 작은 예시일 뿐이다. 하지만, 다소 어리석어 보이는 방법이라도 예상 외로 효과적인 동기 부여 전략이 될 수 있다.

3장

추진력을 얻는 법

첫발을 떼기 힘들 때 따라 하면 좋은 전략

나만의 전략을 세워라

앞서 설명했듯이, 중요한 일을 할 동기를 찾는 것은 ADHD를 지닌 사람들에게 매우 큰 도전 과제 중 하나다. 이러한 점을 염두에 두고, 미니 전략 가이드를 소개하고자 한다. 이 가이드는 ADHD 환자들이 일을 끝까지 해내고 목표에 집중할 수 있도록 동기를 찾는 데 특별히 도움이 되도록 만든 것이다.

하지만 명심하자. ADHD 대처 전략에 마법 같은 해결책은 없다. 어떤 이에게는 놀랍도록 효과적인 방법이 다른 이에게는 전혀 도움이 안 될 수도 있다. 특정 전략이 당신에게는 안 맞지만, 다른 사람에게는 최고의 방법이 될 수 있다. 또 어떤 전략은 처음에는 완벽하게 통하다가 나중에는 효과가 떨어질 수도 있다. 중요한 것은 1)지금 당장 효과가 있는 전략을 찾고, 2)필요에 따라 방법을 바꿔가며 시도하는 것이다.

스포츠팀이 작전집을 사용하는 방식을 생각해 보자. 작전집에는 다양한 전략과 공격 계획이 들어 있다. 이는 작전을 실행하는 데 아주 좋은 출발점이 된다. 하지만 어떤 작전이 더 이상 효과가 없으면, 팀은 전략을 조정하고 작전집에 있는 다른 작전을 시도한다. 이 전략 가이드도 같은 방식으로 활용해 보자.

ADHD 뇌는 새롭고 신기한 것에 쉽게 매료되고, 지루하고 평범한 것은 꺼린다. 그러니 지금 당장 당신에게 맞는 전략을 찾아보라. 어떤 전략이 더 이상 효과가 없어도 당황하지 말자. 그땐 새로운 접근법을 찾거나 다른 작전을 선택하면 된다. 그것을 재구성해서 당신만의 독특한 방식으로 만들어보는 것이다.

앞으로 소개할 전략들은 당신만의 전략을 만드는 데 영감을 주기 위한 것이기도 하다. 이 가이드를 '나만의 전략 만들기 도구상자'라고 생각해 보자. 당신의 취향에 맞게 조정하고 바꿔가면서, 필요한 것들을 골라 당면한 과제에 활용하라.

어떤 일을 시작하기 어려워 답답할 때마다 아래 목록을 훑어보면서 새로운 시도를 해보자. 물론 어떤 전략은 너무 뻔하거나 단순해 보일 수도 있다. 하지만 때로는 그런 전략이 바로 당신에게 필요한 것이다. 간단한 방법을 통해 원하는 목표에 수월하게 도달할 수도 있다.

(전략) 할 일에 '동사'를 추가하라

프로젝트를 시작하는 것이 얼마나 어려운 일인지 우리 모두 잘 안다. 가끔은 앞이 막혔다는 사실조차 모른 채 시간만 낭비하고 아무것도 이루지 못할 때가 있다. 이럴 때는 어떻게 해도 진전이 없을 것 같은 느낌이 든다.

이렇게 막막할 때는 10분 정도 시간을 내서 '할 일 목록'을 구체적으로 작성해 보자. 이 과정에서 하려고 했던 일들이 실제로 실행할 수 있는지, 아니면 다른 일들을 먼저 해야 하는지 판단할 수 있다.

'동사' 중심으로 할 일 목록을 작성하는 것이 바람직하다. 동사는 곧 행동을 나타내기 때문이다. 예를 들면 이렇다.

☐	공급 업체에 이메일 보내기
☐	서류 작성하기
☐	설거지하기

목록에 그냥 '세금'이라고만 적어놓으면 시작하기 어렵다. 필요한 행동들이 빠져 있기 때문이다. 하지만 '세금'에 맞는 동사를 생각해 보면, 다른 필요한 일들이 떠오르기 마련이다.

예를 들어, 세금 데이터를 입력하기 전에는 세금 '신고'를 할 수 없다. 또 모든 서류를 모으기 전에는 세금 데이터를 '입력'할 수 없다. 이렇게 거꾸로 생각해 보면 어떤 일을 먼저 해야 하는지 파악하는 데 도움이 된다. 그러면 막연했던 세금 업무가 이렇게 구체적으로 바뀐다.

☐	세금 관련 서류 모으기
☐	세금 신고 웹사이트에 로그인하기
☐	세금 데이터 입력하기
☐	세금 신고하기

이 목록을 통해 구체적으로 어떤 행동을 해야 하는지 알 수

있다. 또한 일을 작은 단계로 나누면 당신의 동기 부여 기차가 움직이기 시작할 기회도 더 늘어난다. '세금 신고를 해야 하는데…'라고 생각하며 막연하고도 불분명한 과제를 두고 고민하는 대신, 실제로 할 수 있는 일이 생긴 것이다.

(전략) 프로젝트의 처음 몇 단계만 먼저 정하라

프로젝트의 모든 단계를 일일이 나누면 오히려 부담스러울 수도 있다. 처음에는 거대하고 막막한 프로젝트였는데, 이제는 거대하고 막막한 '할 일 목록'이 되어버린 것이다. 그러니 엄청난 양의 할 일 목록을 만들기보다는, 지금 당장 할 수 있는 첫 몇 단계에 집중해야 한다.

프로젝트의 전체적인 목표를 아는 것은 중요하다. 하지만 그 목표를 머릿속에 그릴 수 있다면, 이제는 일단 시작하는 것에 집중하자. 시작은 덜 부담스러운(하지만 결코 덜 중요하지는 않은) 과제로 한다. 동기 부여의 추진력을 만들어가자. 일단 추진력이 붙으면 나머지 단계들도 자연스럽게 파악할 수 있다. 큰 프로젝트를 시작할 때는 실행에 필요한 최소한의 단계에 집중해야 한다. 이 간단한 원칙을 기억하자.

(전략) 환경을 바꿔라

ADHD가 있는 사람들은 아무것도 하고 싶은 생각이 들지 않는 상황에 갇히기 쉽다. 늘 똑같은 풍경에 둘러싸여 있는 것도 문제일 수 있다. 따라서 환경을 바꾸는 것만으로도 모든 것이 새롭게 느껴질 수 있다. 따라서 다른 방으로 옮기거나 새로운 책상에서 일해 보기를 권한다. 가능하다면 카페나 공유사무실 같은 공공장소에서 일해 보는 것도 좋다.

이런 장소는 때로 너무 시끄러울 수 있으니 방해 요소를 최소화하려고 노력하자. 노이즈 캔슬링 헤드폰을 착용하

면 카페는 완벽한 작업 공간이 될 수 있다. 하지만 반대로 감각 과부하에 걸려 아무것도 못 할 수도 있다.

자신에게 가장 적합한 방법 찾기

장소를 옮기기 어렵다면 일단 환경을 개선해 보자. 새로운 조명, 싱그러운 식물, 좋아하는 기타를 벽에 걸어두는 등 작업 공간에 무언가를 추가해 보라. 창문을 자주 열어 환기하고 아로마 요법 디퓨저로 상쾌한 향기를 퍼뜨려볼 수도 있다. 평소 듣지 않던 장르의 음악을 들어보는 것도 좋다.

이런 간단한 변화만으로도 새로운 에너지를 얻을 수 있을 것이다. 주변 환경을 바꾸거나 새로운 환경을 찾아서 동기 부여의 정체 상태에서 빠져나오자.

(전략) **개인적인 도전 과제를 만들어라**

누군가 "넌 그걸 절대 못 할 거야."라고 말하는 것만큼 나를 자극하는 일도 없다. 그런 말을 들으면 마치 도전장을 받은 기분이다. 도전을 극복하는 것이 나에겐 큰 즐거움이다. 경쟁심이 강하지 않은 사람이라도 어떤 일을 도전으로 받아들이면 도움이 될 수 있다. 이렇게 한번 해보자.

노트를 하나 준비해서 표지에 '너무 어려운 일들' 또는 '내가 못 하는 것들'이라고 쓰고, 그동안 시작하기 겁나서 손대지 않았던 일들을 적어보자. 어려운 일에 도전할 마음이 늘 생기지는 않을 것이다. 하지만 도전하고 싶은 기분이 들면, 노트에 적힌 것들을 하나씩 해내면서 매직펜으로 지워보자. 이렇게 그 노트의 내용이 틀렸다는 것을 증명하는 것이다.

요령이 있다면, 난도가 적당히 높아 흥미를 끌 수 있는 '골디락스 존Goldilocks Zone(천문학에서 주로 사용하는 용어로, 별 주변에서 생명체가 존재할 수 있을 정도로 적당한 조건, 즉 적정 수준이나 딱 맞는 상태를 뜻한다.-옮긴이)'을 찾는 것이다. 웬만해서는 손에 닿지 않을 것 같지만, 그렇다고 좌절하고 포기할 정도로 어렵지는 않은 도전 과제를 찾아야 한다. 이렇게 개인적인 도전 노트를 만들어 당신의 경쟁심을 자극해 보라.

전략) 아이스크림부터 먹어라

가장 어려운 일부터 처리하려고 하지 마라. 그러니까, '개구리부터 먹으려' 하지 말고 '아이스크림부터 먹어야' 한다. 우리의 동기 부여 방식은 대부분의 신경 전형적인 사람들과 달라서, 가장 어려운 일에 집중하는 것은 효과가 거의 없다. 그저 막히기만 할 뿐이다. 대신 쉽고 재미있게 느껴지는 일에 먼저 집중하는 편이 훨씬 낫다.

이런 '아이스크림 같은 일(즐겁고 쉬운 일)'부터 시작해서 동기 부여의 추진력을 얻어보자. 그러다 보면 일이 술술 풀리기 시작할 텐데, 그때 더 어려운 일로 자연스럽게 넘어가면 된다.

(전략) 전환을 받아들여라

예전에 나는 완벽한 생산성 시스템을 만들겠다고 주말 내내 이 작업에 매달리곤 했다. 리마인더, 일정 관리, 자동화된 작업, 단기 및 장기 목표 등 오늘부터 10년 후까지 모든 것을 꼼꼼히 계획하는 시스템이었다. 나는 이것이 완벽한 시스템이 될 거라고 생각했다. 적어도 처음에는 그랬다.

당신도 '완벽한' 생산성 시스템을 만들기 위해 시간을 쏟아 본 경험이 있다면, 일이 항상 계획대로 되지 않는다는 사실을 알 것이다. 어디선가 문제는 늘 생기기 마련이다.

어느 날 '할 일 목록'을 확인하는 것을 깜빡하고, 그다음 날도, 또 그다음 날도 놓치다 보면 결국 그 목록이 있는지조차 잊어버린다. 또는 예상치 못한 일이 생겨서 완벽한 시스템 대신 그날의 할 일을 메모지에 적는 식으로 바뀌기도 한다. 최악의 상황에는 진짜 해야 할 일은 뒷전이고, 생산성 시스템을 고치는 데만 시간을 허비한다.

대부분의 경우, 시간이 지나면 그 시스템을 사용하는 것 자체에 싫증을 느끼게 된다. 처음에는 신선하고 새롭고 흥미진진했지만, 초기의 설렘은 시스템을 만드는 과정을 겨우 버티게 해줄 정도였을 뿐이다. 일단 완성하고 나면, 열정이 싹 사그라든다.

새로움이 사라지면서 모든 추진력도 함께 증발하고 만다. 그 결과, 해야 할 일과 마무리해야 할 프로젝트는 당신이 더 이상 사용할 의욕도 없는 시스템 안에 갇혀버리고 만다.

전환을 위한 계획

이런 상황을 자책할 필요는 없다. 우리의 뇌는 다르게 만들어졌으니 그럴 수 있다. 이 사실을 받아들여야 한다. 언젠가는 시스템에 싫증이 날 거라는 걸 아는 자체가 오히려 선물이 될 수 있다. 처음부터 이 문제를 예상할 수 있다는 뜻이기 때문이다.

전환을 위한 계획부터 세워보자. 시스템을 복잡하게 만들지 말고 단순하게 설계하라. 어차피 새로운 시스템으로 전환해야 할 테니 쉽게 옮길 수 있게 만들어야 한다.

단순함을 유지하는 데 집중하라. 주말 캠핑을 하려고 오두막을 통째로 지을 필요는 없다. 어차피 잠깐 머무는 것이니 주말 동안 필요한 만큼만 가져가면 된다. 그리고 다 쓰고 나면 모든 것을 치운다.

같은 맥락에서, 생산성 시스템도 쉽게 해체할 수 있게 만들어야 한다. 시스템을 단순하게 만들어서 할 일과 프로젝트를 쉽게 옮길 수 있도록 하자. 너무 많은 '복잡한 기능'이나 자동화 기능은 빼고 꼭 필요한 기능만 포함된 시스템을 구축하라.

자동화가 나쁘다는 뜻이 아니라, 설정하는 데 시간이 오래 걸리고 새로운 시스템으로 옮기기 어려울 수 있기 때문이다. 디지털 시스템이라면 옮겨야 할 때 데이터를 쉽게 내보낼 수 있는지부터 확인하자.

에너지 및 동기 부여 관리

데이터를 한 시스템에서 다른 시스템으로 옮기는 게 시간

낭비라고 생각할 수 있다. 하지만 당신이 가장 신경 써야 할 것은 시간 관리가 아니라 에너지와 동기 부여 관리다! 시스템이 더 이상 효과적이지 않다면 바꿀 때가 된 것이다. 아무리 시간이 많아도 추진력이 바닥났다면 소용없다.

전환을 받아들이면 자신의 시스템에 갇히지 않고 계속 주도권을 가질 수 있다. 이 방식의 가장 좋은 점은 무엇일까? 새로 출시된 할 일 앱이나 유행하는 생산성 시스템을 시도하는 것에 죄책감을 느낄 필요가 없다는 것이다.

새로운 것이 동기를 부여한다는 것을 알기에 우리에게 맞는 방식을 받아들일 뿐이다. 대부분의 생산성 시스템이나 도구에 결국 싫증 날 수 있다는 점을 인정하자. 그리고 새로운 시스템으로 쉽게 옮겨갈 수 있도록 미리 준비하는 것이 좋다.

(전략) **문제를 외부화하라**

때로는 문제를 명확히 볼 수 없어 막막할 때가 있다. 그러면 해결하려는 문제를 완전히 이해하고 있다고 스스로를 속이게 된다. 하지만 무언가 확실히 이해할 수 없는 부분이 있기 때문에 앞으로 나아가지 못하는 것이다.

이럴 때는 고민하는 문제를 외부화해 보자. 외부화란 머릿속에 있는 세부 사항들을 밖으로 꺼내 더 자세히 살펴볼 수 있게 하는 것이다. 이 전략을 최대한 활용하기 위한 몇 가지 팁을 소개하겠다.

글로 적어보기

친구에게 이메일을 쓴다고 생각하고 해당 작업, 관련된 단계들 그리고 예상하는 결과를 설명해 보자. 아니면 간단히 스케치해 봐도 좋다. 꼭 멋지게 할 필요는 없다. 냅킨이나 종잇조각을 사용해 너무 '일'처럼 느껴지지 않게 할 수도 있다. 중요한 것은 문제를 시각화하는 것이다.

소리 내어 설명하기

다른 사람에게 문제를 소리 내어 설명하다 보면, 때로는 그 과정에서 해결책을 깨달을 수 있다. 이 방법은 매우 효과적이어서 소프트웨어 개발 분야에서는 '고무 오리 디버깅 (Rubber Duck Debugging, 프로그래밍이나 문제 해결 과정에서 자신이 겪는 문제를 다른 사람이나 물체에 설명하는 것으로, 개발자들이 스스로 해결책을 찾는 데 유용한 방법으로 알려졌다.-옮긴이)'이라는 과

정이 일반적인 관행이 되었다. 개발자가 까다로운 문제에 부딪힐 때마다 먼저 고무 오리에게 문제를 설명하도록 하는 것이다.

실제 오리든 상상 속 오리든 상관없다. 소리 내어 말하다 보면 바쁜 동료를 귀찮게 하지 않고도 스스로 문제를 해결하는 경우가 많다. 실제로 많은 소프트웨어 개발자가 이 기법을 자연스럽게 떠올리도록 책상 위에 고무 오리를 두고 있다.

문제를 외부화함으로써, 즉 머릿속에서 문제를 끄집어냄으로써 전에는 보지 못했던 문제점이나 지식의 빈틈을 발견할 수 있다. 당신도 한번 시도해 보는 것은 어떨까?

(전략) 보디 더블링을 시도하라

'보디 더블링Body Doubling'이라는 말을 처음 들으면 전략 이름치고 좀 이상하다고 느낄 수 있지만, 다른 사람과 함께 있는 상태에서 일하는 것을 말한다. 다른 사람이 옆에 함께 있는 것만으로도 주의가 산만해지는 것을 막고, 작업에 집중할 수 있도록 돕는 효과가 있다.

어릴 때 나는 방 정리를 잘하지 못했다. 솔직히 말해 어른이 된 지금도 상황은 그리 나아지지 않았다. 청소하려고 할 때마다 오래된 노트, 몇 년 전 사진 또는 예전에 즐겨 하던 게임 카드 등 향수를 불러일으키는 물건들에 정신이 팔려 집중을 못 했다.

방 정리를 시작하는 것도, 집중해서 끝내는 것도 어려웠다. 그런데 가끔 친구가 집에 놀러 왔을 때 엄마가 청소하라고 하면 신기하게도 할 수 있었다. 다른 사람이 있다는 것만으로도 청소를 시작하고 마칠 수 있게 된 것이다.

간단한 보디 더블링 방법

보디 더블링을 시작하고 싶다면, 다음의 간단한 방법을 따라 해보자.

- 상대방에게 이번 작업 시간에 할 일을 이야기한다.
("1장의 한 장 개요를 작성할 거야.")
- 정해진 시간 동안 타이머를 설정한다. (보통 30~60분)
- 할당된 시간 동안 조용히 작업한다.
- 작업 시간이 끝나면 상대방에게 한 일을 공유한다.
("개요를 완성하고 초안을 작성하기 시작했어.")

이게 전부다! 아주 간단하다. 그런데도 놀랍도록 효과적이다. 다른 사람에게 내 의도를 밝히는 것만으로도 일을 완수하기 위한 동기를 부여하는 일종의 사회적 계약이 성립된다. 가장 좋은 점은 작업 시간이 끝날 때 상대방이 물어보거나 책임을 묻지 않아도 효과가 있다는 것이다. 그냥 그 사람이 옆에

있다는 것만으로도 충분한 경우가 많다.

보디 더블링은 같은 공간에 있지 않고 화상 채팅을 사용하는 가상 환경에서도 효과가 있다. 보디 더블링의 대상을 찾는 방법은 다음과 같다.

- 친구, 가족, 동료에게 부탁하기
- 보디 더블링 세션을 주최하는 온라인 커뮤니티에 가입하기
- 가상 공동 작업 앱이나 서비스에 가입하기

이렇게 보디 더블링 또는 공동 작업 세션을 정기적으로 잡으면 습관을 형성하는 데 도움이 된다. 또한 당신의 목표를 명확히 하는 계기가 될 수도 있다.

나 같은 경우, 무언가를 하려고 자리에 앉았다가 정작 해야 할 일을 명확히 정하지 않아서 몇 시간을 허비하곤 했다. 하지만 보디 더블링 세션에서는 다른 사람에게 내 계획을 말하고, 나중에 어떻게 진행됐는지도 설명해야 한다. 그렇다 보니 자연스럽게 목표를 명확히 설정하고 집중할 수 있었다.

보디 더블링을 시도해 보고 싶다면, 일단 목표를 정하

고 타이머를 설정해 보자. 다른 사람과 함께 있는 상태에서
이 두 가지를 수행하면 생산적이고 집중된 작업 과정으로
자리 잡을 확률이 매우 높아진다.

(전략) 게임으로 만들어라

세금 신고나 시험 같은 지루한 일을 꼭 해야 할 때는 게임으
로 만들어서 흥미를 유지해 보자. 이 과정이 복잡할 필요는
없다. 때로는 새로운 관점으로 바라보는 것만으로도 일을 더
쉽게 끝낼 수 있다. 시험의 경우, 다음과 같은 방법을 시도할
수 있다.

- 한 문제씩 건너뛰며 풀기
- 마지막 문제부터 거꾸로 풀기
- 한 페이지를 끝낼 때마다 조그맣게 낙서하기

또한, '3분 동안 몇 개의 문제를 풀 수 있을까?'처럼 시간제한
을 두어 약간의 도전 의식과 긴박감을 더할 수도 있다. 지루
한 일을 게임으로 만들면 더 빠르고 수월하게 끝낼 수 있다.

（전략） 과감히 내려놓아라

미뤄둔 일이 갑자기 생각나거나 할 일 목록에서 보일 때마다 스트레스를 받는가? 이런 스트레스는 몇 주, 몇 달, 때로는 몇 년 동안 이어질 수 있다. 그래서 주기적으로 이런 일들을 재평가하고 더 이상 필요하지 않다면 과감히 버리는 것이 중요하다. 레코드를 굳이 추억 순서대로 재정리(영화 '사랑도 리콜이 되나요(High Fidelity)'의 주인공은 자신의 레코드를 자서전적 순서로 정리하는 극단적인 행동을 보여준다.-옮긴이)할 필요가 없는 것처럼 말이다.

미뤄둔 일 중에는 실제로는 마감일도 없는데 혼자 괴로워하는 것이 많을 수도 있다. 한 가지 방법은 그 일을 종이에 적어 접은 다음 '언젠가, 아마도'라고 적힌 병에 넣어두는 것이다. 이렇게 하면 잊어버릴까 걱정하지 않으면서도 그 일을 잠시 내려놓을 수 있다. 어쨌거나 그 일은 병 안에 있으니까 말이다.

때로는 그 일을 종이에 적어 쓰레기통에 버려도 된다. 모든 일을 한 번에 할 수는 없다. 한때 중요하다고 생각했던 일이 더 이상 우선순위가 아니라고 결정해도 괜찮다. 오래 묵혀둔 일들을 다시 살펴보고 여전히 중요한지 평가해 보자.

더 이상 내 삶의 우선순위와 맞지 않는다면 두려워하지 말고 과감히 놓아주자.

(전략) 집안일을 새롭게 만들어라

앞서 말했듯이, 지루한 집안일은 슈퍼맨의 힘을 앗아가는 크립토 나이트처럼 ADHD 뇌에도 치명적인 스트레스 원인이 될 수 있다. 적어도 나는 그렇다. 빨래 개기나 계단 청소와 같은 지루하고 반복적인 일에서 재미를 찾기란 쉽지 않다. 하지만 새로운 방식을 도입해 흥미를 더할 수도 있다.

- 옷을 빨주노초파남보 무지개 순서로 개기
- 설거지를 마치고 큰 것부터 작은 것 순으로 정리하기
- 홀수 계단부터 청소하고 짝수 계단 청소하기

이런 제안이 조금은 바보 같거나 유치해 보일 수 있다는 것도 안다. 하지만 농담이 아니다. 이런 간단한 변화만으로도 지루한 집안일을 고된 노동에서 재미있고 몰입할 수 있는 일로 바꿀 수 있다. 적어도 지금보다는 나아질 것이다.

(전략) 모드를 전환하라

때로는 어떤 문제에 걸려 아무리 해도 해결되지 않는 경우가 있다. 그냥 앞이 꽉 막힌 느낌이다. 이럴 때는 억지로 집중해서 계속 일하려고 애쓰지 말자. 잠시 쉬고 완전히 다른 활동을 시작해 보자.

산책하러 가거나 악기를 연주해 보는 것은 어떤가? 저글링을 할 줄 안다면 그것도 좋다! 뇌의 다른 부분을 자극하고 다른 모드로 전환할 수 있는 활동을 찾아보는 것이다.

문제가 있던 일로 돌아왔을 때, 그 일이 새롭게 느껴지거나 심지어 흥미롭게 느껴질 수도 있다. 언제 당신의 뇌가 막히고 노력이 헛되게 느껴지는지 주의 깊게 관찰하자. 생각을 리셋하려면 전혀 다른 활동을 해 보는 것이 바람직하다.

(전략) 시간과 경쟁하라

내 인생에서 가장 생산적이었던 순간은 마감 시간에 쫓겨 시간이 얼마 남지 않았을 때였다. 이런 긴박감은 ADHD가 있는 사람들에게 특히 큰 동기 부여가 될 수 있다. 그러니 먼

저 자신만의 마감 시한을 정하라. 타이머를 맞추고 시간이
다 되기 전에 끝내겠다는 도전 목표를 세우자.

긴박감을 높여서 빠르게 작업을 해내기 위해 더 짧은
시간 단위(15분 이하)로 타이머를 설정하는 것도 좋다. 정해
진 시간 내에 과제를 완수하는 것에 도전하라.

(전략) 성취 완료 목록으로 시작하라

새로이 '할 일 목록'을 만드는 것은 부담스러울 수 있다. 보통
빈 페이지에 해야 할 일들을 채워 넣기 때문이다. 하지만 '성

취 완료 목록'은 다르다. 이미 오늘 해낸 일들을 적는 것이다.
크든 작든, 다른 일과 관련이 있든 없든 상관없다.

예를 들어보자. 중요한 업무 프로젝트를 조금씩 해나가
고 있지만, 아직 별다른 진전이 없다고 느껴질 때, 이미 완료
한 일들을 적어보자. 이렇게 하면 실제로 무언가를 해내고
있다는 것을 눈으로 확인할 수 있다. 여기에는 아래와 같은
항목들이 포함될 수 있다.

- ☑ 화분에 물 주기
- ☑ 반려견 산책시키기
- ☑ 길가에 내놓은 쓰레기통 가져오기
- ☑ 이메일 다섯 통에 답장하기
- ☑ 다음 주 프로젝트에 대해 고객에게 전화하기

유난히 힘든 날이라 목록에 적을 만한 것이 없다고 느껴질
수도 있다. 그래도 괜찮다! 나는 이런 기본적인 것들도 충분
히 가치가 있다고 생각한다.

- ☑ 깨끗한 옷으로 갈아입기

☑ 샤워하기

☑ 커피 내리기

☑ 식사 잘 챙겨 먹기

성취 완료 목록의 목적은 다른 사람에게 보여주려는 것이 아니다. 그저 당신이 추진력을 얻어 앞으로 나아가는 짜릿함을 느끼기 위해서다.

성취 완료 목록을 만들었다면, 그 항목들에 바로 체크 표시를 해보자. 이렇게 성취감을 느끼고 나면, 이제 오늘 할 새로운 작업, 일명 '할 일들'을 추가하기 좋은 시점이다.

성취 완료 목록으로 먼저 시작하는 것은 작은 변화지만 큰 차이를 만들 수 있다. 할 일 목록을 봤을 때 대부분의 항목에 이미 체크 표시가 되어 있다면, 그것들이 꼭 엄청난 성과는 아니더라도 당신의 관점 자체가 달라질 것이다. 따라서 목록의 나머지 일들도 조금 더 쉽게 느껴질 것이다. 이미 완료한 일들을 추가하고 체크하는 방식으로 성취 완료 목록을 작성해 보자.

(전략) 사이드 퀘스트를 수행하라

비디오 게임에서 '사이드 퀘스트Side Quest'는 캐릭터를 성장시키고 레벨을 올려서 최종 보스를 더 쉽게 상대하고 물리칠 수 있게 해주는 작은 임무들을 말한다. 이 기법은 실제로 큰 프로젝트를 다룰 때, 특히 일에 큰 진전이 없어 보일 때 유용하게 사용할 수 있다.

주요 과제에만 '집중'하려고 애쓰기보다는, 관련된 일 중에서 조금 더 흥미롭거나 재미있어 보이는 것을 찾아보라. 추진력을 얻을 수 있는 무언가 말이다. 이것이 궁극적인 목표에 도움이 된다면 더할 나위 없다. 때로는 큰 프로젝트나 과제가 너무 버겁게 느껴질 수 있다. 하지만 그중에서 유난히 주의를 끌거나 흥미로운 부분을 발견하면 자연스럽게 빠져들고, 어느새 전체 프로젝트가 술술 풀리기 시작한다.

예를 들어, 나는 새로운 디자인 프로젝트를 맡으면 자주 들뜬다. 그동안 시도해 보고 싶었던 새로운 기법을 탐구할 기회가 생기기 때문이다. 처음에 프로젝트 자체에 흥미를 느꼈는지는 상관없이 말이다. 이렇게 옆길로 살짝 비켜 들어가면서 더 큰 과제를 해결할 동력을 만들어내는 것이다.

다만 주의할 점이 있다. 가끔 사이드 퀘스트가 그 자체로 하나의 프로젝트가 되어 본래의 목표에서 벗어날 수 있다. 그래서 타이머를 사용해 정기적으로 점검하는 것이 중요하다. 예를 들어, 20분 단위의 타이머를 설정해서 다른 길에서 너무 오래 헤매지 않도록 하자.

타이머가 울리면 자신에게 '이 사이드 퀘스트를 계속할까, 아니면 이제 충분히 레벨업 했으니 메인 퀘스트로 돌아갈까?'라고 질문하자. 막힐 때마다 앞으로 갈 수 있게 해주는 사이드 퀘스트를 찾아보자. 목표를 향한 동력이 될 것이다.

(전략) 주의 분산과 보상을 위해 오디오를 활용하라

정말 듣고 싶은 앨범, 팟캐스트 또는 오디오북을 찾아보자. 최근에 빠진 취미나 관심사와 관련된 것이면 더욱 좋다. 그런 다음 특정 집안일이나 하기 싫은 활동을 할 때만 이것을 들을 수 있게 제한하자.

이 제한으로 두 가지 효과를 볼 수 있다. 첫째, 즉각적인 보상으로 활동을 시작하게 해준다. 둘째, 우리의 뇌가 간절히 원하는 추가 자극을 제공한다. 이제 지루한 작업을 하면서도 흥미로운 무언가에 집중할 수 있다.

개인적으로 나는 집안일을 할 때 항상 헤드폰을 착용한다. 쓰레기를 버리는 데 고작 1~2분밖에 걸리지 않더라도, 헤드폰을 꺼내 팟캐스트를 조금이라도 듣는다. 왜 그럴까? 이렇게 하지 않으면 결국 그 일의 단조로움이 압도적으로 느껴질 것을 알기 때문이다. '너무 재미없어'라고 생각하는 대신, 흥미로운 팟캐스트에 집중하며 기분을 전환할 수 있다.

시작이 어려우면 영영 지루한 일을 피하게 될 수도 있다. 그러므로 흥미를 느낄 만한 무언가를 즐기며 얻는 즉각적인 보상과 주의 분산으로 지루한 일을 해결해 보자.

4장

시간 관리의 어려움

모호한 시간 개념을 해결하는 전략

모호한 시간 개념

학창 시절, 나는 같은 상황을 반복해서 겪었다. 큰 과제가 주어질 때마다 마감일과 벼랑 끝 줄다리기를 하는 것이다. 늘 과제 제출 전날 밤까지 기다렸다가 겨우 완성하곤 했다. 심지어 그때까지 아예 시작도 안 한 경우도 허다했다. 마감이 코앞에 닥쳤는데도 밤늦게까지 계속 미루기만 했다.

과목은 중요하지 않았다. 관심 있는 과목이든 아니든, 나는 계속해서 미루고 또 미뤘다. 그러다 어느 순간, 보통 자정이 지나서야, 내 뇌 속 어딘가에서 긴급 모드가 작동하기 시작했다. 마감이 정말 가까워졌다고 느껴지면 미친 듯이 집중해서 일하기 시작했다.

과제를 완수하기에는 이미 늦었다는 것을 알면서도, 어떻게든 완성해야 한다는 절박함에 머리가 핑핑 돌았다. 그래도 대개는 끝내긴 했다. 그 순간의 긴박함이 나에게 필요한 자극이 되곤 했기 때문이다. 마감 직전의 공포, 그것이 바로 내 뮤즈였다.

ADHD를 지닌 사람들은 시간과 복잡한 관계를 맺는다. 우리는 대부분의 신경전형인들과는 다르게 시간을 인식하는 것 같다.

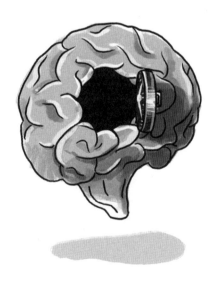

물론 개념적으로는 시간을 이해한다. 하지만 실제로는 그 개념이 모호해져서 시간의 단위(분, 시간, 날짜)가 자주 뒤섞여 버린다. 마치 우리에게는 내재적 시간 인식 능력이나 시간 감각이 없는 것 같다. 우리의 마음에는 시계가 없는 것이다. 우리는 두 가지 상태, 즉 현재('지금')와 모호한 미래('지금이 아님')만 이해하는 것 같다.

이것이 실제로 어떤 느낌인지 간단한 사고 실험을 통해 알아보자. 학교에서 큰 과제를 받았다고 상상해 보라. 과제를 완성하려면 꽤 많이 노력해야 할 것이다. 제출 날짜가 다가오는 동안 이 과제의 긴박함에 대해 어떻게 느끼는가? 만약 당신이 나와 같거나, 다른 많은 ADHD를 가진 사람들과 비슷하다면 아마 이런 식일 것이다.

- 5주 전: 제출 기한이 한 달 이상 남았다면 '지금 할 일'이 아니다. 그래서 과제를 미루거나 아예 잊어버린다. 실제로 얼마나 많은 작업이 필요한지, 정말 그만큼의 시간이 있는지는 제대로 고려하지 않고 '나중에 할 시간이 충분할 거야'라고 생각한다.
- 5일 전: 여전히 '지금 할 일'은 아니다. 슬슬 걱정되긴 하지만, 아직은 미래의 내가 해결할 문제로 느껴진다.

4장. 모호한 시간 개념을 해결하는 전략

- 5시간 전: 이런! '지금'이 코앞에 다가왔다. 긴박감이 솟구치고 갑자기 행동에 나서야 할 때가 되었다. 그리고 실제로 부리나케 시작한다.
- 5분 전: 패닉 모드가 발동된다. 마침내 '지금'이 왔고, 마감 시간에 맞추려고 필사적으로 집중한다. 종종 마감을 넘기기도 한다.

시간 추정의 어려움

ADHD와 시간 인식에 관한 2023년의 한 연구에 따르면, ADHD가 있는 사람들은 시간 추정에 상당한 어려움을 겪는다고 한다.[3] 당연히 이것은 일상과 직장 생활에 엄청난 영향을 미친다. 이런 상황에서는 일정을 관리하거나 앞으로 할 일을 계획하기가 쉽지 않다.

나도 늘 맡은 일이 얼마나 걸릴지 예측하기 어려웠다. 시간이 많이 들 것 같아서 몇 주, 몇 달씩 미루다가도 막상 시작하면 예상보다 훨씬 빨리 끝나는 경우가 많았다. 자동차 청소만 해도 몇 시간쯤 걸릴 줄 알았는데 20분 만에 끝나버릴 때가 있다. 그렇게 빨리 끝낼 수 있는 일이라면 미루지 말고 그냥 바로 했으면 좋았을 텐데 말이다.

예전에 프리랜서 웹 디자이너로 일할 때는 새 프로젝트

의 견적 내기가 정말 힘들었다. 프로젝트에 필요한 시간을 추정하려고 보니, 5시간이 걸릴지 50시간이 걸릴지 가늠할 수 없었다. 게다가 경력에 비해 견적을 너무 높게 내는 건 아닌지 항상 걱정이었다. 그래서 늘 현실성 없이 낮은 가격을 제시했다. 실제보다 훨씬 빨리 모든 일을 해낼 수 있을 거라고 착각했던 탓이다.

예상했던 작업 시간을 훌쩍 넘기면, 밤늦게까지 일하며 부족한 시간을 메우려고 애썼다. 시간 추정의 어려움은 만성적인 일 미루기로 이어지기도 했다. 새롭고 흥미진진한 프로젝트나 기회가 생기면 바로 덥석 물었지만, 실제로 하는 건 '미래의 나'에게 미뤘다. 왠지 내일이면 더 많은 시간이 생길 것만 같았다.

하지만 여기에는 한 가지 문제가 있었다. '미래의 나'도 결국 나라는 것이다! 그리고 마법 같은 여유 시간은 절대 생기지 않았다. 그렇게 일을 미루다 보니, 결국 나중에 처리해야 할 일만 늘리는 꼴이 되었다.

ADHD 번아웃

ADHD가 있는 사람들은 시간 추정에 어려움을 겪기 때문에, 일을 뒤로 미룰 때 일반 사람들이 느끼는 내면의 경고를 잘 듣지 못한다. "나중에 이걸 할 시간이 없을 거야!"라고 외치는 알람이 없다. 결국, 미뤄둔 의무들과 과소평가한 큰 프로젝트들이 쌓여 거대한 '할 일 목록'이 되고, 이것들이 동시에 닥치면서 당신을 패닉 상태로 몰아넣는다.

번아웃은 보통 과도한 약속들이 한꺼번에 밀려와 감당하기 힘들 때 찾아온다. 어제까지만 해도 세상을 다 가진 것 같다가도, 갑자기 모두 한꺼번에 무너지는 것처럼 느껴진다. 이런 일은 반복된다. 당신은 관심 있는 일이나 잘하는 일을 맡기로 한다. 그러다 또 다른 기회가 오면 그것도 받아들인다. 그렇게 하나둘씩 일이 쌓여간다.

나에게도 할 수 있는 능력만 있으면 그 일을 덜컥 맡고
보는 나쁜 습관이 있었다. 내게 시간이나 에너지, 동기가 있
는지는 고려하지 않고 무조건 말이다. 때로는 이렇게 새로운
약속을 계속 추가하는 것이 마치 전기톱으로 저글링을 하는
것만 같다. 물론 전기톱 저글링은 분명 신나는 일이고, 전기
톱을 추가할수록 더욱 짜릿해진다. 그리고 이런 흥분은 분명
새로움에 기반한 동기를 유발할 수도 있다.

　　하지만 결국 이 모든 약속에 압도당하고 피로가 잔뜩
쌓인다. 전기톱들이 한꺼번에 바닥으로 떨어지는 것은 정말
보기 좋지 않은 광경이다.

시간 추정의 어려움과 번아웃을 위한 전략

시간 인식과 관리의 어려움은 종종 우리를 번아웃의 벼랑
끝으로, 때로는 그 너머의 심연으로 몰고 간다. 이를 피하려
면, 시간의 흐름을 보다 구체적이고 효과적으로 인식하고 앞
으로 해야 할 일들을 관리하는 전략을 개발하는 것이 중요
하다. 몇 가지 도움이 될 만한 전략들을 소개한다.

　　　　　　　　　　　　4장. 모호한 시간 개념을 해결하는 전략

정중하게 거절하는 법을 익혀라

당신에게는 "시간이 부족해!"라는 경고음이 제대로 울리지 않다 보니 새롭고 흥미진진한 기회가 생기면 무턱대고 뛰어들기 쉽다. 이런 성향은 결국 문제를 일으키고 만다. 그러니 항상 신중하게 선택하고 모든 일에 동의하면 안 된다. 앞일에 대해 차근차근 생각해 볼 시간을 가져야 한다.

일단 달력을 확인하거나, 당신을 잘 아는 친구와 상의해서 너무 많은 일을 떠맡지 않도록 하자. 새로운 기회나 요청이 들어올 때마다 수락하는 대신, 다음과 같이 먼저 말해 보길 제안한다.

- "하고는 싶은데 일정을 확인해 봐야 할 것 같아요."
- "지금은 어려워요. 다음 기회에 해볼게요!"
- "재미있어 보이네요. 언제까지 알려드려야 하죠? 일정이 너무 꽉 차면 안 되거든요."
- "시간을 충분히 낼 수 있는지 확인해 볼게요."

우리는 순간적으로 "네!"라고 말하고, 나중에 다른 약속이나 마감일이 생각나 후회하지만 그때는 이미 늦은 경우가 많다. 이런 후회는 종종 당황스러움과 부담감으로 이어진다.

ADHD 옹호자이자 강연자인 르네 브룩스[4]René Brooks는 "당신의 '네'를 목숨처럼 지켜야 한다."라고 말한다. 굳게 마음을 먹고 의도적으로 "아니오!"를 기본 답변으로 삼자. 당신에게 다가온 새로운 기회를 무턱대고 전부 받아들여서는 안 된다. 물론 새롭고 흥미로운 기회가 생겼을 때, 그것을 거절하는 일이 얼마나 어려운지 잘 안다. 하지만 시간이 없다면… 음, 정말로 시간이 없는 것이다.

결과가 아닌 시간 중심으로 목표를 설정하라

ADHD가 있으면, 시간 감각이 부족해 시간 추정이 어려울 수 있다. 실제보다 과대평가할 때가 있고 반대로 과소평가할 때도 있다. 하지만 시간은 결코 우리가 예상한 대로 흘러가지 않는다.

이 문제를 두고 자책하기보다는 당신의 뇌에 더 잘 맞는 방식으로 일하는 방법을 찾아보자. 결과 중심의 목표는 버려야 한다. 보통 다음과 같은 식이다.

- "오늘 이 문서 작성을 끝낼 거야."
- "이번 주말에는 사무실 전체를 청소할 거야."
- "오늘 밤에 세금 신고를 마칠 거야."

이런 목표는 대개 추정이 정확하지 않아 실패하기 쉽고, 결과적으로 진전이 없다는 좌절감 때문에 의욕을 잃게 만든다. 대신 시간 중심의 목표를 세워보자.

- "1시간 동안 글을 쓸 거야."
- "20분 동안 청소할 거야."
- "오후 8시까지 세금 신고를 마칠 거야."

이런 작업을 할 때마다 소요 시간을 기록해 두자. 나중에 작업 시간을 추측하는 대신, 이 기록을 참고할 수 있기 때문이다. 시간이 지나면서 데이터가 쌓이고, 이를 바탕으로 당신의 시간 추정 능력을 향상할 수 있을 것이다.

작은 약속부터 실천하라

ADHD가 있으면 간단한 일조차 시작하기 버거울 수 있다. 설거지처럼 지루한 일도 몇 시간이나 걸릴 것처럼 부담스럽게 느껴진다. 이럴 때는 일을 무조건 쉽게 만들어야 한다. 모든 접시를 닦겠다고 다짐하지 말고, 접시 딱 세 개만, 아니면 하나라도 닦겠다고 자신과 약속해 보자.

- 사무실이 엉망인가? 책상 위에 있는 물건 두 개만 치
  우겠다고 약속해 보자.
- 운동량을 늘리고 싶은가? 팔굽혀펴기 두 번만, 아니면
  운동복으로 갈아입는 것만이라도 해보자.

이게 전부다. 일단 시작하면 보통 목표보다 더 많이 하게 된
다. 설령 그렇지 않더라도, 작은 행동 하나가 올바른 방향으
로 나아가는 소중한 첫걸음이다. 작은 약속부터 실천하며 스
스로를 움직이게 하자. 진전을 이루는 가장 쉽고 빠른 방법
이다.

시각적 타이머를 활용하라

집중력을 유지하는 가장 간단하고 효과적인 방법 하나는 시
각적 타이머를 사용하는 것이다. 나는 일할 때 거의 항상 타
이머를 켜놓는다.

우리는 시간을 개념적으로 인식하기 어렵다. 따라서 시
각적 타이머를 사용하면 시간이 눈으로 볼 수 있는 물리적
인 현상으로 바뀐다. 시간이 점점 줄어드는 것을 보며 시간
의 흐름을 느낄 수 있다. 이는 4C 중 '긴박감 조성(Complete)'
이라는 동기 부여 전략을 활성화하여 긴박감을 느끼고 추진

4장. 모호한 시간 개념을 해결하는 전략

력을 쌓는 데 도움이 된다. 줄어드는 선을 보면서 느끼는 긴박감이 당신을 움직이게 만든다.

　나는 특히 '포모도로 기법^{Pomodoro Technigue}'을 추천한다. 25분 동안 일하고 5분 동안 휴식하는 방식이다. 이것을 3~4번 반복한 후 길게 휴식을 취한다. 하지만 '25 대 5 비율'이 절대적인 것은 아니다. 자신에게 맞는 비율을 찾아보자. 나는 더 긴 작업 시간(그리고 더 긴 휴식 시간)을 선호해서 40분 일하고 20분을 쉬는 방식으로 하기도 한다.

　내 딸의 경우, '새로움 창출(Create)'이라는 동기 부여 요소를 섞어 휴식 시간을 더 많이 사용한다. 8분 동안 숙제를 하고 다음 8분 동안 좋아하는 것들을 종이에 그리며 쉰다.

중요한 것은 타이머가 끝났을 때 반드시 멈추는 것이 아니라 계속할지 말지를 결정하는 것이다.

나는 시간을 카운트다운하며 일할 때 초집중 상태에 빠지곤 했는데, 타이머가 시간이 흐르고 있다는 것을 상기시켜 준다. 타이머가 울렸는데 아직 쉴 준비가 안 됐다면, 다시 40분으로 설정하고 휴식 없이 계속 일한다.

어느 쪽이든 내가 주도권을 갖는 것이다. 타이머 없이는 3시간이 훌쩍 지나가 버릴 수도 있다. 이것저것 정신없이 옮겨 다니거나 한 가지 일에 너무 오래 빠져 있다 보면 시간을 어떻게 쓸지 선택할 기회조차 없다. 시각적 타이머는 초집중 상태에 있는 우리를 부드럽게 깨워주면서 시간 관리의 주도권을 되찾게 한다.

휴식을 건너뛰고 나중에 후회하곤 한다면, 미리 규칙을 정해보자. 타이머에 '반드시 멈추기'라고 써서 붙이거나 '휴식을 취했음'이라는 문구 옆에 체크박스를 만들어두는 것도 좋다.

잠깐 일어나 다리를 쭉 펴고, 물 한 잔을 마시고, 화장실에 다녀오거나, 커피를 리필하는 것만으로도 충분히 재충전하고 집중력을 되찾을 수 있다. '도전 설정(Compete)'이라는 동기 부여 전략을 활용해 자신에게 도전 과제를 줄 수도 있다.

- 20분 동안 몇 단어를 쓸 수 있을까?
- 시간 내에 문제를 하나 걸러 하나씩 다 풀 수 있을까?
- 일을 일찍 끝내고 더 길게 휴식을 취해볼까?

이처럼 시각적 타이머를 활용하면 시간 관리를 잘할 수 있고, 당신을 움직이게 할 긴박감도 조성할 수 있다.

제시간을 맞추지 못하는 특성

이 책을 쓰는 동안 나는 온라인에서 ADHD에 관한 강의를 맡았다. 강의를 시작하기 전, 화면을 보니 배경이 좀 어색해 보였다. 배경에 식물 하나만 있으면 완벽할 것 같았다. 운 좋게도 몇 주 전에 근처 가게에서 딱 맞는 식물을 봤던 것이 기억났다. 키 큰 식물이라 테이블을 놓을 필요도 없을 것 같았다.

시계를 보니 강의 시작까지 한 시간이나 남았다. '시간

은 충분하네'라고 생각한 나는 '밖에 나간 김에 커피도 한 잔 마시고 간식도 사 올 수 있겠어'라고 생각하며 외출한다. 가게까지는 10분도 안 걸린다. 하지만 가게에 들어가 보니 내가 사려던 그 키 큰 식물은 이미 팔렸다는 사실을 알게 된다. 이런! 다른 것들을 살펴보다가 크기는 작지만 분위기가 괜찮은 식물로 정한다.

완벽해! 이제 식물을 올려놓을 작은 테이블만 있으면 되겠다. 잠시 후, 나는 식물과 작은 테이블, 근사한 램프와 새 펜을 들고 계산대로 향한다. 그런데 긴 줄이 보인다. 그제야 시간이 많이 흘렀다는 사실을 기억하고 시계를 본다. 강의 시작 30분 전. 이런, 갑자기 공황이 밀려온다.

영원처럼 느껴지던 시간이 지나 계산을 마치고 차로 달려간다. 강의 시작 15분 전. 5분 여유를 두고 집에 도착할 수 있다는 걸 알고 내가 안도했을까? 그럴 리가 없다. 대신 빠르게 커피 한 잔을 살 기회로 보였다.

이 아찔한 이야기에 격하게 공감할 사람이 많을 것이다. ADHD가 있는 사람들은 시간 개념이 모호해서 정시에 맞추기가 힘들다. 그래서 약속 시각에 항상 늦는 경우가 많다. 약속이나 회의가 있어 집을 나서려 할 때면, 대부분 '정말 빨리' 할 수 있는 일 다섯 가지가 불현듯 떠오른다. 이 일들이 중요

4장. 모호한 시간 개념을 해결하는 전략

하거나 나가기 전에 꼭 해야 하는 일일까? 보통은 아니다. 그래도 어쩐지 다 하고 나가려고 한다.

내 머릿속에서는 '가는 길에 시간을 만회할 수 있어' 또는 '운 좋으면 신호등이 다 파란불일 수도 있잖아?'라는 거짓말이 떠오른다. 주차하는 시간, 건물 찾는 시간, 심지어 교통 체증이 있다는 사실조차 편리하게 잊어버린다.

마치 내 뇌가 다가오는 약속의 긴박함을 느끼고 '와, 이 긴급한 에너지가 동기 부여가 되는걸. 이걸로 다른 일도 해치워야겠어!'라고 생각하는 것 같다. 그래서 이것저것 정신없이 하다가 결국 변변찮은 핑계로 약속에 늦게 된다.

얼마나 중요한 약속이었는지는 중요하지 않다. 나는 집을 나서기 전에 몇 주나 모른 체했던 메일을 정리하거나 이 메일에 답장할 시간이 있다고 판단해서 면접에 늦기도 했다.

반대로 항상 지나치게 일찍 도착하는 ADHD인들도 있다. 이것은 학습된 행동이거나 다년간 늦어서 혼난 경험으로

생긴 트라우마 반응일 수도 있다. 이들은 '40분 일찍 도착하는 한이 있더라도 절대 늦지는 말아야 해'라고 생각한다.

어떤 이들에게는 과잉 보상(어떤 약점을 숨기기 위해 반대되는 특성을 극도로 과장하려고 애쓰는 일-옮긴이) 심리 때문일 수도 있다. 불안감에 지배당해 '늘 늦는 사람'으로 낙인찍힐까 두려워 가장 먼저 도착하려고 하는 것이다. 삶이 통제 불능인 것 같을 때, 극단적으로 행동하는 것이 자율성을 되찾는 하나의 방법처럼 느껴질 수 있다.

대기 모드에 빠지다

항상 늦는 사람이든 항상 일찍 오는 사람이든, ADHD가 있는 사람들은 '대기 모드'라는 또 다른 문제를 겪곤 한다. 오후에 회의나 약속이 있으면 다른 일에 집중하기 힘들어진다. 대기 모드에 빠졌기 때문이다. 무언가를 끊임없이 되새기는 것처럼, 다른 것에 집중하려 해도 곧 있을 회의 생각만 맴돈다. 실행 기능이 멈춰버려 다른 일은 아무것도 못 하게 된다.

이런 상황에서 항상 먼저 오는 사람들은 어차피 아무것도 못 할 테니 일찍 도착하기로 선택한다. 항상 늦는 사람들도 처음에는 비슷하게 느끼지만, 긴박감이 밀려오면 갑자기 여러 일을 하려다가 또 늦고 만다.

만성적인 지각과 대기 모드를 피하기 위한 전략

당신이 언제인지 기억나지 않을 만큼 오래전부터 '늘 늦는 사람'이었다 해도, 지금부터 개선할 수 있다. 여기 시간 관리를 더 잘하기 위한 간단한 팁들을 소개하겠다.

시간을 기록하는 습관을 들여라

스톱워치나 타이머 앱을 사용해 목적지까지 가는 데 걸리는 시간을 늘 체크하자. 출발 전에 예상 소요 시간을 적어두고 실제 걸린 시간과 비교해 보라. 집을 나서는 순간부터 타이머를 켠 후 목적지에 완전히 도착할 때까지 계속 재는 것이다.

시간을 재고 나면 메모장이나 휴대전화의 메모 앱에 기록해 두자. 나중에 참고할 수 있어 실제 소요 시간을 더 정확히 예측하는 데 도움이 될 것이다. 이때 이동 과정에 필요한 모든 단계를 고려하자.

- 가는 길에 커피를 사거나, 차에 기름을 넣거나, 다른 심부름을 할 계획인가?
- 교통량이 많은 시간대에 출발하는가?
- 주차하는 데 얼마나 걸리는가? 주차장에서 목적지까지 걸어가는 데 얼마나 걸리는가?

- 목적지가 엘리베이터를 타고 올라가야 하는 고층에 있는가? 안내 데스크에서 입장 절차를 밟아야 하는가?

주차, 걷는 시간, 건물 내 위치 찾기 등 모든 추가 요소도 시간 계산에 포함된다는 점을 기억해야 한다. 모든 단계를 기록하면 다음에 유사한 일정으로 외출할 때 참고할 수 있는 현실적인 수치를 얻을 수 있다.

대기 모드를 생각 모드로 전환하라

대기 모드에 빠졌을 때, 불안한 에너지를 생산적으로 활용하는 방법은 머릿속에 떠오르는 생각을 글로 정리하는 것이다. 곧 있을 회의나 행사에 관해 자유롭게 써보자. 걱정되는 점이나 자꾸만 생각나는 부분들을 적어 보는 것이다.

이런 걱정거리를 글로 보면 대기 모드가 조금씩 사라지고 주의가 다른 곳으로 옮겨가는 것을 느낄 수 있다.

재미있는 일을 하라

긴 시간 동안 대기 모드에 빠질 것 같다면, 중요한 일을 처리하기 힘들다는 점을 받아들이자. 대신 이 시간을 기회 삼아 재미있고 흥미로운 일을 할 수 있다. 중요한 일을 하려고 애쓰다 실패해 봤자 대기 모드를 벗어나기 힘들다. 그러니 차라리 즐길 기회를 잡기 바란다.

취미 활동을 하거나 관심을 끌 만한 글을 읽자. 산책하러 가거나 동료와 대화를 나눌 수도 있다. 때로는 이런 활동이 중요한 일을 할 동기와 집중력을 키워주기도 한다. 하지만 원래 기다리던 일을 놓치지 않도록 알람을 세 개쯤 설정해 두는 것을 잊지 말자.

긴급한 일이 곧 중요한 일일까?

사람들은 종종 중요성과 긴급성을 혼동한다. 특히 시간 인식이 왜곡되어 어려움을 겪는 우리는 더욱 그렇다. 중요한 일은 장기적으로 봤을 때 큰 영향을 미치고, 궁극적으로 달성하고자 하는 목표를 향해 나아가게 한다. 새로운 기술 개발, 인간관계 구축, 대규모 업무 프로젝트 등이 그렇다. 이런 일들은 당장 마감일이 있는 것은 아니지만 장기적인 성장과 성공에 매우 중요하다.

긴급한 일은 보통 예상치 못하게 발생해서 장기적인 영향과 상관없이 당장 해야 할 것 같은 느낌을 준다. 마감일에 쫓겨 프로젝트를 완성하거나, 상사의 급한 요청을 처리하거나, 갑자기 고장 난 것을 수리하거나, 비상 상황에 대응하는 것 등이다.

40일 후가 마감인 거대한 프로젝트는 중요한 일이다. 하지만 40분 안에 마무리해야 하는 일은 무엇이든 긴급하게 느껴진다. 문제는 긴급한 일의 에너지가 그것을 중요한 일처럼 느끼게 만든다는 것이다. 우리 뇌는 미래보다 현재를 우선시하기 때문이다. 긴급한 일들이 할 일 목록의 맨 위로 올라가면서 정작 중요한 일들을 밀어낸다.

긴급한 일은 즉각적으로 반응하고 행동하게 한다. '지금 하지 않으면 늦다'는 느낌 때문에 우리의 관심을 끄는 그 일이 실제로는 그리 중요하지 않을 수도 있다는 사실이 가려진다. 우리는 마지막 순간의 공포에 사로잡히게 된다. ADHD가 있는 사람들은 중요성보다는 긴급성에 더 크게 동기를 부여받기 때문에 중요한 일들이 뒤로 밀리지 않도록 다른 방법을 찾아야 한다.

긴급성보다 중요성을 우선시하기 위한 전략

불쑥불쑥 터지는 것처럼 느껴지는 긴급한 일들에 휘둘릴 때는 '긴급하다고 해서 모두 중요하지는 않다'라는 점을 기억해야 한다. 시간을 효율적으로 쓰기 위해 긴급성보다 중요성을 우선시하는 몇 가지 전략을 소개하겠다.

일단 눈에 띄게 만들어라

마감일이 한참 남은 큰 프로젝트나 과제는 마감일이 코앞에 다가올 때까지 잊기 쉽다. 중요한 일이 있다면 마감일을 크고 읽기 쉬운 글씨로 눈에 잘 띄는 곳에 적어두자. 다음과 같은 방법이 바람직하다.

- 화이트보드에 적어두기
- 포스트잇에 써서 잘 보이는 곳에 붙여두기
- 컴퓨터 화면 보호기나 휴대전화 배경 화면에 띄우기

눈에 잘 띄는 시각적인 것이면 무엇이든 중요한 일을 떠올리는 데 도움이 된다. 때로는 눈에 띄는 것들조차 주변 환경에 섞여버릴 수 있으니, 조금씩 변화를 주는 것이 좋다. 포스트잇 위치를 바꾸거나 화이트보드의 알림 주변에 작은 낙서를 추가하는 방법을 시도해 볼 수 있다.

알림을 설정하라

중요한 일과 마감일을 잊지 않는 또 다른 좋은 방법은 알림을 설정하는 것이다. 이렇게 하면 마감일이 임박했을 때 알림을 받을 수 있다. 또한 바쁘고 복잡한 일상에서 잊기 쉬운 일들의 우선순위를 정하는 데도 도움이 된다. 다음은 쉽게 알림을 설정하는 몇 가지 방법이다.

- 반복 알람을 설정하기: 정기적으로 완료해야 하는 일이 있다면, 휴대전화나 컴퓨터에 알람을 설정하여 당신이 실제로 행동을 취하도록 상기시키자.
- 자신에게 이메일 예약 발송하기: 이메일을 자주 확인한다면, 특정 시간에 받은 편지함에 도착하도록 이메일을 예약 발송할 수 있다. 이 전략을 특정 알림에 사용하거나, 정기적으로 상기해야 할 일들의 목록을 반복해서 보내도록 활용할 수 있다. 예를 들어, 매주 월요일 아침에 중요한 일들을 정리한 목록이 배달되도록 설정해서 한 주를 시작할 수 있다.
- 알림 앱 사용하기: 알림을 잊지 않게 해주는 훌륭한 모바일 앱들이 많다. 대부분의 스마트폰에는 기본 알림 앱이 내장되어 있다. 나는 알림을 쉽게 다시 울리게 할

수 있는 앱을 선호한다. 이렇게 하면 완료를 표시해서 알림을 없앴다가 알림 내용을 잊는 실수를 피할 수 있다. 나는 실제로 일이 완료될 때까지 절대 알림을 완료로 표시하지 않는다는 규칙을 엄격하게 지킨다. 하지만 당신이 특정 알림을 계속 무시하고 있다면 과감히 삭제하라. 아직 효과 있는 알림들까지 놓치지 않도록 하기 위해서다. 특정 알림을 무시하고 있는 이유를 생각해 보고 다른 접근 방식을 찾아보는 것이 좋다.

• 파트너나 친구에게 부탁하기: 운 좋게도 당신 주변에 시간 관리에 능통하고 기억력이 뛰어난 파트너나 친구가 있다면, 중요한 일정을 기억하는 데 도움을 줄 수 있는지 물어보자. 이렇게 하면 백업 시스템으로 아주 효과적이다. 하지만 이 기회를 남용하거나 당연하게 여기지 않도록 주의해야 한다. 그들에게 고마운 마음을 아낌없이 표현하자.

이것은 알림을 설정하는 몇 가지 방법일 뿐 중요한 것은 당신이 일부러 찾아보지 않아도 알림을 보여주는 시스템이 필요하다는 사실이다. 중요한 일이 다가오고 있다는 것을 자연스럽게 알려주는 시스템 말이다.

시간 관리 전략 핵심 정리

• 정중하게 거절하는 법을 익혀라

제안은 신중하게 수락해야 하며, 새로운 기회가 올 때마다 무조건 수락하지 않음으로써 과도한 약속을 피하자.

• 결과 중심이 아닌 시간 중심으로 목표를 설정하라

주어진 시간 내에 작업을 완전히 끝내지 못하더라도 성공을 축하할 수 있도록 결과 중심 목표가 아닌 시간 중심 목표를 세우자.

• 작은 약속부터 실천하라

작은 약속부터 실천하며 스스로를 움직이자. 진전을 이루는 쉽고 빠른 방법이다.

• 시각적 타이머를 활용하라

시각적 타이머를 사용해 시간 경과를 놓치지 않고 긴박감을 조성해 동기를 부여하자.

• 시간을 기록하는 습관을 들여라

스톱워치나 타이머 앱을 사용해 이동 시간을 기록해 두면 나중에 더 나은 계획을 세우는 데 도움이 된다.

• 대기 모드를 생각 모드로 전환하라

대기 모드에 갇혔을 때는 생각을 글로 써서 머릿속을 정리하고 걱정을 해소하자.

• 재미있는 일을 하라

대기 모드에 갇혔을 때 쓸 수 있는 다른 방법으로 재미있는 일을 해보자. 걱정만 하며 아무것도 하지 않고 있으면 아무 소용이 없다.

• 일단 눈에 띄게 만들어라

중요한 일은 마지막 순간까지 잊지 않도록 명확하고 눈에 잘 띄는 곳에 적어두자.

• 알림을 설정하라

알림을 만들어 중요한 일을 놓치지 않도록 하자.

4장. 모호한 시간 개념을 해결하는 전략

쉽게 잊어버리는 특성

중요한 일을 놓치지 않는 전략

보이지 않으면 잊힌다

ADHD가 있는 사람들은 흔히 잡동사니 더미에 둘러싸여 있는 경우가 많다. 내 책상은 1년 365일 혼란스러운 상태다. 책, 서류, 메모 카드, 그리고 잊지 않으려고 올려둔 온갖 물건들로 뒤덮여 있다. 디지털 세계에서도 자주 이런 '쌓임 현상'이 발생한다. 열려 있는 여러 앱들, 정리되지 않은 메모들 그리고 수많은 브라우저 탭으로 가득하다.

ADHD가 있는 사람들은 여러 프로젝트와 취미를 동시에 다루느라 아슬아슬하게 균형을 잡으며 살아간다. 해야 할

일과 취미가 많아질수록 쌓인 더미들도 늘어난다. 책상 위,
바닥, 방의 구석구석에 쌓여간다. 아니면 책상과 사무실은
깔끔하게 유지하면서 대신 자동차를 여분의 옷장이나 창고
로 쓰기도 한다.

왜 ADHD가 있는 사람들은 이런 일이 흔할까? 이런 식
의 물건 쌓아두기는 사실 일종의 자기 보호다. 보이지 않는
것들은 종종 잊어버리기 때문이다. 우리는 이런 사실을 본능
적으로 알고 있다.

상자나 서랍 깊숙한 곳에 숨겨서 물건을 치워버리면 그
것들은 머릿속에서도 완전히 사라져 버린다. 그래서 ADHD

환자들은 플래너를 사용한다고 해도 크게 도움이 되지 않는다. 플래너 표지를 덮는 순간, 안에 있는 모든 내용을 잊어버리기 때문이다. 습관을 잘 들이지 않으면 다시 열어볼 생각조차 못 할 수 있다.

어릴 때 어머니는 엉망진창인 내 방을 더 이상 참을 수 없어서 가끔 직접 청소해 주시곤 했다. 나는 그게 정말 싫었다. 그럴 때마다 '이제 물건을 어떻게 찾지?'라고 생각했다. 어머니의 눈에는 그저 혼돈으로 보였겠지만, 나에게는 나름의 체계가 있는 혼돈이었다.

물건들이 어질러져 있으면 오히려 모든 게 눈에 보이고, 그것을 실제로 존재하는 '기억의 궁전(익숙한 장소를 상상하고, 그 장소의 특정 위치에 기억하고 싶은 정보를 연결하는 방법-옮긴이)'처럼 활용할 수 있다. 각 물건의 배치를 통해 그것들이 어디에 있는지 알 수 있다. 남들 눈에는 엉망으로 보일 수 있지만, 나는 찾을 물건을 정확히 집어낼 수 있다.

보이지 않는 것을 잊어버리는 문제는 책상 위의 잡동사니에만 해당하는 것이 아니다. 가끔은 평소에 늘 하던 일도 까먹을 때가 있다. 일과가 조금 바뀌었다고 항상 하던 일, 어쩌면 중요할 수도 있는 업무를 잊어버리기도 한다. 그러면 그 일은 완전히 머릿속에서 사라져서, 더 이상 내 주변 환경

5장. 중요한 일을 놓치지 않는 전략

이나 일정의 일부가 아니게 된다.

이렇게 되면, 무언가가 특별히 그 일을 떠올리게 하지 않는 한 영영 기억해 내지 못할 수도 있다. 마치 한 번도 열어볼 생각을 못 했던 상자나 서랍 속에 갇힌 것처럼 말이다.

이런 일은 사람들과의 관계에서도 일어난다. 최근 들어 만나지 못한 사람이 있다면, 그 관계를 유지하는 데 시간을 투자할 생각을 못 한 것일 수 있다. 심지어 직접 다시 만나기 전까지는 그 사람의 존재조차 잊는다. 이는 개인적인 관계에서나 가족 관계에서 스트레스를 유발할 소지가 다분하다. 주변 사람들은 이런 상황을 이해하지 못하고 기분 나빠하기도 한다.

중요한 일을 잊지 않기 위한 전략

일이 계속 쌓이다 보면 중요한 작업이나 의도가 일상의 복잡함 속에 묻힐 가능성이 크다. 다음은 계획을 유지하고 중요한 일들을 놓치지 않도록 도와주는 몇 가지 전략이다.

유용한 앱을 사용하라

휴대전화는 때론 방해 요소가 될 수 있지만, 이전 장에서 설명한 것처럼 그 안에는 일정 관리에 도움이 되는 앱과 도구들이 많다. 핵심은 자신에게 잘 맞는 앱을 찾는 것이다.

내 경우에는 "알았어, 알았어, 다 했어!"라고 말할 때까지 반복해서 알려주는 앱을 선호하지만, 당신의 취향은 나와 다를 수도 있다. 시각적인 것을 선호하는 사람이라면 디자인이 보기 좋은 앱을 고르는 것이 중요할 수도 있다. 그래야 앱을 사용하는 경험을 즐길 수 있기 때문이다.

친구에게 연락하도록 반복 알림을 설정할 수도 있다. 이상하다고 생각할 사람도 있겠지만, 그렇게 하지 않으면 잊고 지낼 수도 있는 인간관계를 유지하는 데 도움이 된다면 전혀 이상한 일이 아니다.

또 생각과 수많은 아이디어 정리를 도와주는 여러 종류의 메모 앱들이 있다. 이렇게 정리한 덕분에 모든 것을 기억할 필요가 없다는 사실을 깨닫게 되면 일종의 해방감을 느낄 수 있다. 이때는 하나의 앱만 사용하는 것이 좋다. 그러면 당신의 기발한 '펭귄을 위한 에어비앤비 사업 계획'이 어느 앱에 있는지 일일이 찾을 필요가 없다.

휴대전화에 의존할 때 가장 주의해야 할 문제 중 하나는 알림 과부하다. 끝도 없이 알림이 쏟아지는 경우를 말한다. 이런 알림들은 과도한 부담을 줄 수 있다. 따라서 가장 중요한 알림만 남기고 나머지는 모두 끄는 것부터 시작하는

5장. 중요한 일을 놓치지 않는 전략

것이 좋다. 알림은 쉽게 무시하고 지나칠 수 있는 소음이 아니라, 반드시 행동을 위한 신호가 되어야 한다. 다행히도 최신 스마트폰은 알림을 더 잘 관리할 수 있는 집중 모드를 제공한다.

맞춤형 알림 기능을 갖춘 앱과 도구를 잘 활용하면 일정 관리에 큰 도움이 된다. 이를 통해 해야 할 일들을 놓치지 않고 책임을 다할 수 있다.

편리하게 만들어라

어떤 일을 쉽게 하거나 기억하려면 그 일을 최대한 손쉽게 만드는 것이 최고의 방법이다. 매일 약을 먹는 것을 잊지 않으려면 칫솔이나 커피메이커 옆에 약을 두자.

매일 보는 곳에 두면 시각적 신호로 작용하기 때문에 기억하는 데 도움이 된다. 약 복용을 위한 보너스 팁이 있다. 타이머 캡이나 요일별 약통을 사용하면 오늘 약을 먹었는지 헷갈리지 않는다.

채소를 사두고 잊어버려 결국 상하게 만드는 것이 지겹다면, 정리 및 청소와 관련한 실용적인 방법을 제공하는 작가이자 강연자 KC 데이비스KC Davis[5]의 조언을 따라해 보자. 일단 냉장고 문을 열 때마다 보이는 선반에 채소를 두라. 음

료수나 조미료는 서랍에 넣어도 된다. 이런 것들은 찾느라 굳이 애쓸 필요가 없으니 조금 덜 편리하고 덜 눈에 띄는 곳에 두어도 괜찮다.

중요한 알림과 정보를 사용하기 편리하고 눈에 잘 띄는 곳에 두자. 쉽게 접근할 수 있게 만들면 잊어버릴 가능성이 확실히 줄어든다.

기억해야 한다는 것을 기억하기

ADHD 진단을 받기 전, 아내와 나는 거의 매일 밤 같은 상황을 겪었다. 저녁이면 아내는 나에게 쓰레기를 버려달라고 부탁했다. 나는 "알았어, 여보."라고 대답하고는 잠자리에 들기 전에 처리하려고 했다. 하지만 매번 소파에서 일어나 불을 끄고 쓰레기통을 지나쳐 곧장 침대로 향하곤 했다. 쓰레기는 그대로 남아 있었다.

나는 내가 그러고 있다는 사실을 전혀 몰랐다. 아내가 쓰레기를 버려달라고 했을 때, "알았어."라고 한 것은 진심이었다. 정말로 쓰레기를 버릴 생각이었다. 간단한 일이라 자기 전에 처리할 계획이었다. 하지만 "알았어."라고 말한 순간부터 쓰레기통을 지나칠 때까지, 어느새 그 의도가 사라져 버린 것 같았다.

　더 큰 문제는 상대방에게는 내가 게으르고 무신경해 보인다는 점이었다. 내 행동은 아내에게 내가 그녀를 신경 쓰지 않는다는 메시지를 전달했다. 마치 일을 피하려고 하면서 실천할 생각도 없이 그저 대답만 한 것처럼 보였다. 의도가 좋았다는 것은 중요하지 않았다. 실천하지 않았기 때문이다. 이것이 우리 부부 관계에 엄청난 갈등을 초래했지만, 당시 나는 이 상황이 문제라는 것을 거의 인식하지 못했다.

　알고 보니 나는 '미래 계획 기억'에 문제가 있었다. 미래 계획 기억은 쉽게 말해 '기억해야 한다는 것을 기억하는 것',

그러니까 나중에 하려고 계획한 일을 때가 되면 기억해 내는 능력이다. 예를 들면 이런 것들이다.

- 오늘 밤 집에 갈 때 우유를 사야지.
- 내일 아침에 엠마에게 전화해야겠다.
- 자기 전에 쓰레기를 버릴게.

미래 계획 기억은 '나중에' 그 일을 해야 할 때 행동으로 옮기는 것을 돕는다. 2019년 네덜란드에서 진행한 한 연구는 ADHD와 미래 계획 기억 저하의 관계를 잘 보여준다. 연구 참가자들은 그 주에 할 일들을 목록으로 작성했다. 나중에 꼭 기억해서 실천해야 할 것들이었다.

참가자에는 ADHD가 있는 사람과 없는 사람이 섞여 있었다. 이들은 모두 며칠 후 연구원에게 전화해야 했다. 자신의 의도를 기억하는지 그리고 실제로 행동으로 옮겼는지 확인하는 목적이었다.

ADHD가 있는 참가자 중 절반 이상이 아예 전화하는 것조차 잊어버렸다. 그 자체로 주목할 만한 그리고 그리 놀랍지 않은 결과였다. 이런 일이 발생하자 연구원들이 먼저 전화를 걸었다. 통화 결과, ADHD가 있는 참가자들이 자신의

의도를 잊고 결과적으로 그것을 실행하지 못한 경우가 더 많았다.[6]

ADHD가 있는 사람들이 목표를 이루지 못하는 이유는 '의지력 부족'이나 '노력 부족'이 아니다. 오히려 대부분의 사람보다 더 열심히 노력하는 경우가 많다. 문제는 뇌의 화학적 특성 때문에 하려고 했던 일들을 기억하기가 어렵다는 것이다. 하고자 했던 일을 기억하는 것 자체를 잊어버리는 탓이다.

그래서 생산성을 높이는 새로운 방법이나 일 처리에 도움이 되는 새로운 도구 또는 기술을 배우면 여기에 큰 기대를 걸게 된다. 이것으로 문제를 해결할 수 있을 거라 믿는다. 하지만 어김없이 그 의도는 기억에서 사라지고, 자신도 모르는 사이에 그 효과적인 방법을 사용하는 것조차 망각한다.

또는 유용한 습관을 새로 만들기 위해 노력할 수도 있다. 예를 들어, 매주 해야 할 일을 적고 매일 아침 진행 상황을 확인하는 것이다. 하지만 아침이 되면 그 목록을 확인해야 한다는 것조차 기억하지 못한다. 결국에는 목록의 존재 자체를 잊어버리고 만다.

내 경험을 예로 들어보겠다. 이 책을 쓰면서 출간을 위한 복잡한 계획을 세웠다. 일정표에 해야 할 일들을 꼼꼼하게 표시하고, 인터뷰하고 싶은 팟캐스트 진행자의 목록도 만들었다. 출간팀 구성 계획, 언론 접촉 및 홍보 팁, 시도해 보고 싶은 추가 전략 목록까지 있었다.

지금 이 복잡한 계획을 말할 수 있는 이유는 최근 1년 넘게 열어둔 브라우저 탭들을 정리하다 이 목록을 우연히 발견했기 때문이다. 어이없다는 것을 나도 안다. 나는 이 계획을 완전히 잊었고, 적어둔 좋은 아이디어들을 활용하기에는 이미 늦어버렸다.

ADHD가 있는 사람들이 진지하게 세운 계획들은 오래가지 못하는 경우가 많다. 하려고 마음먹은 일들을 기억하기가 정말 어렵기 때문이다. 마치 생각과 행동 사이의 어딘가에서 계획들이 사라지는 느낌이다.

기억해야 한다는 것을 기억하기 위한 전략

미래 계획 기억에 문제가 있더라도 다행히 이를 극복할 방법이 많다. 중요한 일과 마감일을 기억하는 데 도움이 되는 몇 가지 간단한 전략을 소개하겠다.

할 일을 시각화하라

매일 밤 쓰레기 버리는 것을 잊어버렸다는 내 이야기를 기억하는가? ADHD 진단을 받은 후, 치료 과정에서 이 문제를 언급했다. 치료사는 미래 계획 기억의 어려움을 잘 알고 있었다. 그는 집에서 자주 지나치는 곳, 특히 잠자리에 들기 전 볼 수 있는 곳에 화이트보드를 걸어두라고 제안했다.

그 후로 아내는 여전히 쓰레기를 버려달라고 부탁했고, 동시에 화이트보드에 '쓰레기 버리기'라고 적어두었다. 화이트보드는 쓰레기를 버리겠다는 내 의도를 물리적으로 나타내는 동시에 시각적 알림이 되었다. 잠자리에 들려고 할 때마다 바로 보였고, 할 일을 보고도 전혀 귀찮게 느껴지지 않았다. 오히려 기쁨에 가까운 감정을 느꼈다. '아, 맞다. 쓰레기 버리기로 했지!'

이 '사소한' 변화가 내 삶에 큰 영향을 미쳤다. 하려고 했던 일을 기억하는 데 도움이 되었고, 약속을 지킬 수 있게 해주었다. 화이트보드를 건 이후로 쓰레기 버리는 것을 잊은 적이 없다. 결국에는 불을 끄고 알람을 맞추는 것처럼 당연한 밤 루틴으로 자리 잡아서 더 이상 메모할 필요가 없었다.

이처럼 중요한 것들을 눈에 띄는 곳에 두면 앞으로의 마감일을 기억하는 데 도움이 되고, 그에 맞춰 행동하라고 상기할 수 있다. 다음은 이를 위한 몇 가지 간단한 요령이다.

- 포스트잇이나 메모 카드에 알림을 적어둔다. 항상 쉽게 다시 볼 수 있는 곳에 붙여두는 것이 중요하다.
- 자주 지나다니는 벽에 벽걸이 달력이나 화이트보드를 걸고 중요한 날짜, 메모, 알림을 적어둔다. 색깔을 바꾸고 내용을 자주 고쳐 그냥 지나치는 배경이 되지 않도록 주의한다.
- 화면 보호기나 디지털 사진첩을 이용해 연락해야 하는 친구와 가족을 떠올린다.

중요한 알림과 정보를 눈에 잘 띄는 곳에 두어 미래 계획 기억을 시각화하자. 이렇게 하면 기억하고 행동으로 옮길 가능성이 훨씬 커질 것이다.

행동 보조물을 만들어라

기억력 향상을 위한 또 다른 유용한 전략이 있다. 바로 '기억 보조물'을 활용하는 것이다. 이 방법의 목적은 간단하다. 당신이 하고자 하는 일을 잊지 않도록 돕는 것이다. 보조물을 당신이 그 행동을 취하고 싶은 장소 근처에 두는 것이 전략의 핵심이다.

- 운동복이나 운동 기구를 현관 근처에 두어 헬스장에 가야 한다는 것을 떠오르게 하기
- 빈 약병을 차 안에 두어 처방전을 새로 받아와야 한다는 것을 떠오르게 하기
- 빈 물뿌리개를 화분 옆에 두어 식물에 물을 줘야 한다는 것을 떠오르게 하기

때로는 특이한 물건이 효과가 있을 수도 있다. 나는 가끔 아이들 장난감 같은 엉뚱한 물건을 주머니에 넣어두곤 한다. 친구에게 전화를 걸어야 한다거나 잊고 싶지 않은 다른 일들을 기억하기 위해서다. 이처럼 당신에게 맞는 방식으로 보조물을 활용해 보자. 무엇이든 효과만 있다면 괜찮다.

제한적인 작업 기억력

ADHD가 있는 사람들은 대체로 작업 기억력이 제한적이다. 작업 기억력이란 과제와 인지 활동에 필요한 정보를 단기적으로 저장하는 기억력을 말한다.

나는 작업 기억력을 지금 기억하는 정보를 담아두는 선

반이라고 생각한다. 정보를 모으면 그 선반 위에 올려놓는 것이다. 하지만 ADHD가 있으면 이 선반의 공간이 매우 좁다. 그래서 새로운 것을 올려놓으면 다른 것들이 밀려 떨어질 가능성이 크다.

주의가 산만해지면 상황은 더 나빠진다. 선반에 있는 모든 것이 떨어져 나갈 수도 있다. 이런 방해 요소 때문에 순간적으로 새로운 것을 기억하면서, 지금까지 기억하려 애쓰던 중요한 생각이 밀려나 버리는 것이다.

잠깐 동안 방해를 받아도 몇 시간 혹은 일 전체를 망칠 수 있다. 새로운 방해 요소가 생길 때마다 모든 노력이 물거품이 될까 두려워 아예 해야 할 일에서 손을 떼버릴 수도 있다. 심지어 영화나 책, 대화의 맥락을 놓칠 수도 있다. 이렇게 되면 정신이 산만해지고 혼란스러워지는 결과로 이어진다. 일단 흐름을 놓치고 나면 뒤따르는 내용을 따라가려 해봤자 소용없다고 느낀다.

예를 들어, 당신도 나처럼 맥앤드치즈 같은 음식을 만들 때 이런 과정을 거치지 않는가? 나는 상자를 집어 들고 조리법을 대충 훑어본다. 그러고는 조리법을 모두 기억했다고 생각한다.

- "좋아, 8분 동안 끓이면 돼."라고 말하며 상자를 쓰레기통에 버린다.
- "잠깐, 8분이었나, 12분이었나?" 상자를 꺼내 확인한다.
- "맞아, 8분이었어." 상자를 다시 버린다.
- 또다시 상자를 꺼낸다.

나는 지금도 요리할 때마다 이런 실수를 반복한다. 이번에는 마법처럼 작업 기억력이 제대로 작동할 거라고 스스로를 속인다. 하지만 그렇게 되지 않는다. 이런 문제는 중요한 세부 사항들이 눈치채지 못한 사이에 사라질 수 있다는 뜻이기도 하다.

확인할 참고 자료가 없다 보니, 잃어버린 중요한 정보가 있다는 것도 모른 채 자신만만하게 프로젝트를 시작할 수도 있다. 어떤 단계를 놓치거나 순서를 잘못 진행할 수도 있다. 아니면 과거의 실수를 지나치게 의식해 반대로 행동할 수도 있다.

일단 한 번 막히고 나면 모든 것이 불명확해지고 기록하지 않는 한 행동하기 두려울 수 있다. 이런 사고방식은 창의성이나 모험심을 키우는 데 전혀 도움이 되지 않는다.

기억력을 관리하는 전략들

기억력 문제로 끊임없이 괴로워하기보다는 기억을 돕는 도구와 전략들을 활용하는 것이 어떤가? 다음의 몇 가지 전략들을 살펴보자.

재작업하지 말고 재확인하라

누군가 당신에게 업무나 책임을 맡길 때, 잠시 시간을 들여 세부 사항을 다시 한번 확인하라. 제대로 이해했는지 확실히 하기 위해서다. "제가 이해한 바로는…"이라고 지시 사항을 다시 말해보거나, 당신이 생각하는 기대 사항을 적어 상대방에게 확인하자.

사람들 사이에 오해는 늘 있기 마련이다. 그래서 서로 같은 생각을 하는지 확인하는 것이 중요하다. 이렇게 하면 나중에 기대와 다른 결과물을 만들어 시간을 낭비하고 감정까지 상하는 일을 피할 수 있다.

다시 확인하는 습관에는 또 다른 장점이 있다. 일이 너무 진전되기 전에 잠재적인 문제점들을 미리 발견할 수 있다. 때로는 무언가를 명확히 해달라고 물어보는 것만으로도 자신이 이해하지 못한 부분을 정확히 깨닫고, 중요한 의문점들을 발견할 수 있다.

프로젝트나 과제가 당신이 이해한 내용과 맞는지 다시 한번 점검하는 습관을 들여야 한다. 그래야 상대방의 요구사항과 기대치를 제대로 파악했는지 확실히 알 수 있다.

기억이 오래가도록 만들어라

항상 기록을 남겨야 한다. 그래야 중요한 내용을 잊어버리지 않을 수 있다. '이건 중요하니까 꼭 기억할 거야'라고 생각하며 방심하면 안 된다. 나중에 참고할 수 있도록 반드시 적어 둬야 한다. 가능하다면 항상 노트와 펜을 가지고 다니자. 중요한 정보를 들으면 바로 메모하는 습관을 들이는 것이 가장 좋다.

화상 회의를 할 때는 나중에 참고할 수 있도록 회의 내용을 녹화해 두는 것도 좋다. 물론 상대방의 동의를 먼저 구해야 한다. 요즘은 화상 회의 내용을 자동으로 문자화해 주는 앱들도 있으므로 대화 내용을 검색할 수 있는 형태로 기록할 수 있다.

과거에 중요한 것들을 잊어버린 적이 있다면, 그 경험에서 배우자. 경험에서 일정한 패턴이 보이는가? 만약 그렇다면, 이런 악순환을 어떻게 끊을 수 있을까? 결국 핵심은 기록하고, 참고하고, 눈에 보이게 하고, 오래가도록 만들어야 한다는 것이다.

물건 보관 장소와 출발 준비 장소를 만들어라

급하게 집을 나섰다가 열쇠나 지갑 등 중요한 물건을 깜빡한 적이 있는가? 아니면 모든 것을 챙겼다고 생각했는데 어디에 두었는지 도통 기억이 안 나는 경우는 어떤가?

예전에 나는 '엉뚱한 곳에 두면 기억하기 쉬울 거야'라고 생각했다. 하지만 정작 외출할 때가 되어 그 물건이 필요할 때면 눈을 씻고 찾아봐도 없었다. 내가 둔 곳에 그대로 있긴 한데, 그게 어디인지 기억이 안 나는 것이다.

'엉뚱한 곳'이나 '안전한 곳'이라고 생각해서 매번 새로

운 장소에 두면 안 된다. 현관문 근처에 외출할 때 필요한 물건들을 모아두는 특정 공간을 정해두자. 작은 탁자나 바구니, 쟁반 등 필요한 물건들을 담을 수 있는 것이면 무엇이든 좋다. 여기에 지갑, 열쇠, 가방 등 매일 들고 다니는 필수품들을 보관하자. 집에 들어올 때마다 물건들을 여기에 두면 나갈 때 바로 챙길 수 있다.

이 공간은 꼭 필요한 물건만을 위한 곳이다. 잡동사니를 모아두는 서랍이 아니다. 나갈 때 어떤 물건을 가져가고 어떤 물건을 두고 갈지 고민하는 곳으로 만들어서는 안 된다. 이 '출발 준비 장소'의 핵심은 모든 필수품이 바로 외출할 수 있게 준비되어 있어 별도의 결정이 필요 없다는 것이다. 그냥 여기에 있는 물건을 몽땅 챙겨서 나가기만 하면 된다.

여기에 예외를 만들어서는 안 된다. '출발 준비 장소'에 둬야 할 물건들을 다른 곳에 두지 마라. 이 물건들은 항상 한 곳에만 있어야 한다. 당신이 집에 있을 때는 그곳에 보관하는 것이 원칙이다. '여기에 두면 틀림없이 기억할 거야'라고 생각해서 물건을 두지만 결국 기억 못 하는 그 장소도 포함이다.

숫자로 기억하라

기억력을 높이는 또 다른 방법은 해야 할 일들을 숫자와 연관 짓는 것이다. 이렇게 하면 습관과 루틴을 만들기 쉽고, 결국 일상적인 리듬으로 해야 할 일을 할 수 있다.

예를 들어, 매일 밤 잠들기 전에 네 가지 일을 해야 한다고 가정해 보자. 잠자리에 들 때 "취침 준비, 네 가지!"라고 소리 내어 말하면서 다음과 같이 해야 할 일 네 가지를 떠올리는 것이다.

- 취침 준비, 네 가지
    - 하나, 문 잠그기
    - 둘, 불 끄기
    - 셋, 알람 맞추기
    - 넷, 양치하기

각 단계를 마칠 때마다 손가락을 접는 것도 좋다. 머릿속에서 꺼내 외부로 표현할수록 집중력을 유지하고 계획을 실천하기 쉬워진다. 집을 나설 때는 이렇게 말할 수 있다.

- 외출 준비, 세 가지
  - 하나, 휴대전화 확인
  - 둘, 지갑 확인
  - 셋, 열쇠 확인

이 방법은 앞서 말한 '출발 준비 장소'와 함께 쓰면 더 좋다. "외출 준비, 세 가지!"라고 말하면서 필요한 세 가지 물건이 출발 준비 장소에 있는지 확인하고 나가면 된다. 아예 그 장소에 숫자를 적어두면 더 쉽게 떠올릴 수 있다.

일상의 루틴을 만들기 위해서는 그 루틴의 이름과 관련한 작업의 수를 소리 내어 말해보자. 이렇게 하면 평소에는 기억하기 어려운 행동들을 한 묶음으로 쉽게 떠올릴 수 있을 것이다.

기억력 향상 전략 핵심 정리

- **유용한 앱을 사용하라**

  사용자 지정 알림 기능이 있는 앱과 도구를 사용하면 일정 관리와 책임 이행에 도움이 된다.

- **편리하게 만들어라**

  중요한 정보를 편리하고 눈에 잘 띄며 쉽게 접근할 수 있게 만들면 기억하기 쉬워진다.

- **할 일을 시각화하라**

  중요한 알림을 실제로 눈에 보이는 곳에 두면 기억하고 행동에 옮길 가능성이 커진다.

- **행동 보조물을 만들어라**

  행동 보조물, 즉 하려는 일과 연관된 물건을 환경적 단서로 사용하여 작업을 완료하자.

- **재작업하지 말고 재확인하라**

  프로젝트나 과제에 관해 당신이 이해한 바를 세심히 점검하여 상대방의 요구사항과 기대사항을 완전히 파악했는지 확실히 하자.

- **기억이 오래가도록 만들어라**

  나중에 참고할 수 있도록 중요한 사항을 항상 기록으로 남기자.

- **물건 보관 장소와 출발 준비 장소를 만들어라**

  자주 찾는 물건 보관 장소와 출발 준비 장소를 두어 필수품을 보관하고, 잊지 않고 가져갈 수 있도록 하자.

- **숫자로 기억하라**

  루틴을 만들려면 루틴의 이름과 관련 작업 수를 정하고, 둘 다 소리 내어 말하면서 필요한 행동들을 떠올리자.

부정적인 사고와 감정 과열

기분과 감정을 잘 다스리는 전략

성공했던 기억의 상실

대부분의 신경전형인에게 과거의 성공 경험은 미래의 성공을 위한 강한 동기 부여와 영감이 될 수 있다. 하지만 ADHD가 있는 사람들은 기억력이 약해 과거를 되돌아보는 일이 드물고, 그로 인한 혜택을 누리기는 더욱 어렵다. 이는 과거의 성과를 쉽게 잊거나 그 가치를 깎아내리는 경향으로 이어진다. 성공의 기억은 시간의 안개 속으로 빠르게 사라져 버린다.

이뿐만이 아니다. 자신에 대한 칭찬이나 스스로 이룬

인상적인 업적들을 기억하기 어렵다. 그에 반해, 부정적인 경험이나 실수는 기억에 오래 남는다. 모든 실패는 영구적으로 각인되며, 기억나는 몇 안 되는 성공마저 압도해 버린다. 성공은 순식간에 사라지지만, 실패는 오래 남는 셈이다.

이렇게 과거를 제대로 돌아보지 못하면 자신을 실패자처럼 여기게 된다. 부정적인 면에만 집중하느라 정작 자신의 장점과 능력은 알아차리지 못하는 것이다. 사람들 대부분이 어느 정도 부정 편향(무엇이 좋았는지 대신 무엇이 나빴는지를 생각하는 인간의 경향-옮긴이)을 겪지만 ADHD가 있는 사람들은 특히 더 심각할 수 있다.

ADHD 뇌는 부정적인 경험에서 더 많이 학습하는 경향이 있다. 이에 따라 미래의 결정을 내릴 때, 상황의 장단점보다는 과거의 부정적 경험을 피하는 데 더 집중하게 된다.

상황을 더욱 악화하는 것은, 대부분의 ADHD인들이 과거에서 학습할 만한 부정적인 경험을 무수히 많이 했다는 점이다. 하버드 대학의 정신과 의사 마이클 S. 젤리넥Michael S. Jellinek의 추정에 따르면, ADHD 아동은 10살까지 또래보다 2만 번 이상 더 많은 지적이나 부정적인 말을 듣는다고 한다.[7]

ADHD가 있는 사람들에게는 피해야 할 것들을 떠올리는 것 자체가 큰 부담이 될 수 있다. 자신의 삶을 지배하는 것처럼 느껴지는 무수한 실패의 경험들에 집착하지 않기란 여간 어려운 일이 아니다.

가면 증후군의 굴레

ADHD가 있는 사람들은 흔히 가면 증후군(자신의 성공이 노력이 아니라 순전히 운이라고 생각하며 불안해하는 심리-옮긴이)을 겪는다. 평생 일을 제대로 하지 못한다는 말을 들어온 탓에, 자신이 사기꾼이 된 것 같은 느낌을 받는다. 자신이 지금의 위치에 있을 자격이 없다고 여기며, 언젠가 정체가 드러날까 두려워하며 살아간다.

ADHD가 있는 사람들이 가면 증후군에 빠질 수밖에 없는 이유는 자신의 성공을 기억하기 어렵기 때문이다. 설령 성공한 경험을 기억한다 해도, 가장 큰 실패와 비교하며 그 가치를 깎아내리곤 한다. 또는 '그건 너무 쉬웠으니까 인정할 수 없어'라고 생각하기도 한다.

이렇게 기억력 부족, 과거의 실패 그리고 부정적 피드백에 대한 민감성이 합쳐져 자기 의심의 늪으로 끊임없이 빠져들게 만든다. 잘했던 일들은 기억나지 않는데, 실패하거나 다른 사람을 실망하게 한 기억만은 선명하게 남아 있다.

이 문제를 객관적으로 의식하지 못하면, 쉽게 부정적인 생각의 굴레에 갇혀 끊임없이 되새기게 될 것이다. 따라서 이 상황을 헤쳐나갈 방법을 찾아야 한다.

성공 기억 상실과 가면 증후군을 극복하는 전략

성공했던 기억을 상실하는 것과 가면 증후군은 우리 삶의 여러 영역에서 큰 걸림돌이 될 수 있다. 자신을 믿지 못하게 만들고 성공 가능성을 낮추는 주범이기 때문이다. 그만큼 중요한 문제이니 이를 극복하고, 자신의 능력을 믿고, 자신감을 키울 수 있는 전략을 알아두는 것이 바람직하다.

미소 파일을 만들어라

부정적인 사고방식은 끊임없이 반복되는 내적 독백이 되어 우리의 자존감과 자신감을 무너뜨릴 수 있다. 하지만 부정적인 생각의 고리를 끊기란 쉽지 않다. 이럴 때 '미소 유발 파일'이 도움이 될 수 있다.

파일을 만드는 방법은 다음과 같다. 20분 정도 시간을 내어 과거의 성공 경험을 떠올리고 종이에 적어본다. 지난주나 지난달부터 시작해서 지난해 등 점차 과거로 거슬러 올라가 보자. 다른 사람들이 어떻게 생각할지는 신경 쓰지 말자. 이것들은 당신 개인에게 의미 있는 성취다. 남들은 이해하지 못하더라도 당신 스스로 자랑스러워하는 일이면 된다.

직장에서 좋은 평가를 받았거나, 몇 달간 준비한 프로젝트를 성공적으로 시작한 일도 좋다. 또는 친구에게 전화하는 것을 기억한 일, 미뤄둔 이메일에 마침내 답장을 보낸 일또는 힘든 날 침대에서 몸을 일으킨 일도 적을 수 있다. '성공의 기준'은 각자의 상황에 따라 다르다.

믿을 수 있는 사람들에게 부탁해서 받은 솔직하고 긍정적인 피드백을 적어도 좋다. 소셜미디어에 누군가 좋은 댓글을 남겼거나 응원하는 내용의 이메일을 보냈다면 화면을 캡처해서 저장하거나 노트에 적어두자. 이런 격려는 ADHD가 있는 사람의 뇌에 로켓 연료처럼 강력한 효과를 줄 수 있다.

이 파일의 목적은 당신을 미소 짓게 만드는 성취, 칭찬

6장. 기분과 감정을 잘 다스리는 전략

그리고 다른 모든 성공의 순간들을 모아두는 것이다. 당신을 미소 짓게 하는 순간들을 계속 찾아 추가하며 미소 파일을 풍성하게 채워나가자.

목록을 만들고 나면, 주기적으로 읽어볼 수 있게 알림을 설정해 두자. 시간이 날 때마다 잠깐 훑어보는 것만으로도 당신의 기분이 좋아지는 것은 물론 동기 부여에 큰 변화가 생길 수 있다는 사실에 놀랄 것이다.

부정적인 감정이나 가면 증후군이 느껴질 때마다 이 미소 파일을 꺼내보자. 당신이 잊고 있었던 성취의 기억을 다시 떠올릴 수 있을 것이다. 이런 승리와 성취의 경험은 일상에 긍정적 기운과 용기를 불어넣어 줄 것이다. 낡아빠진 부정적인 생각들은 멈추자. 당신의 얼굴에 미소를 띠게 하고 마음을 한결 가볍게 만드는 것들로 머릿속을 채워보자.

강렬한 감정과 함께 살아가기

ADHD와 함께하는 삶은 강렬하다. 정말로 강렬하다. 우리의 감정은 양극단을 오고 간다. 모든 것이 극단적으로 느껴진다. 그리고 대개 우리가 하는 이 경험이 다른 사람들의 반응과 얼마나 다른지 인식하지 못한다.

당신은 아마도 모든 사람이 자신과 같은 강도로 이런 감정을 경험한다고 생각할 것이다. 흥분, 두려움, 고통, 기쁨, 괴로움, 공포 등의 감정 말이다. 사실 당신은 자연스럽게 행동하는 것뿐인데 다른 사람들이 '좀 과하다'라고 생각할 때 오히려 놀라고 당황하게 된다. 이해가 가지 않을 것이다. 왜 다른 사람들은 같은 방식으로 반응하지 않을까? 그들도 이런 강렬한 감정을 느끼지 않을까?

신경전형인들은 대체로 가속 페달과 브레이크 페달을 밟아가며 감정의 강도를 조절한다. 필요에 따라 서서히 속도를 올리거나 낮출 수 있다. 감정의 수준이든, 흥분의 정도든, 분노의 강도든 말이다. 때로는 특정 유형의 통증을 느끼는 방식까지도 조절할 수 있다. 가끔 극단적인 상황에서는 페달을 확 밟아야 할 때도 있겠지만, 보통은 이런 상황들 사이에서 점진적으로 오르내린다. 감정을 통제할 수 있는 것이다.

ADHD가 있는 사람들은 이런 통제 페달이 거의 없다. 대체로 우리에게는 터보 버튼만 있을 뿐이다. 게다가 이 터보 버튼은 일관성 없이 작동하며, 멋대로 켜진다. 우리가 경험하는 감정이 무엇이든 그쪽으로 전속력으로 내달리게 만들어 감정을 과열시킨다.

갑자기 기쁨에 겨워 소리를 지르거나 불쑥 눈물이 터진다. 어느새 감정이 최고조에 달해 있다. 극단적인 상황이 일상이 되어버리지만, 이런 일이 자주 일어난다고 해서 그 강도가 줄어들지는 않는다. 완전히 통제 불능이 된 것 같은 기분이 든다. 나는 사소한 갈등으로 감정이 폭발해 일자리를 잃은 적도 있다. 그때마다 상황은 실제보다 훨씬 심각하게 느껴졌고, 나는 그 강렬함에 그대로 반응했다.

흔히 '갈등'이라고 생각한 일도 사실은 단순한 오해였거나 상사가 상황을 파악하려는 것뿐이었는데, 나에겐 공격으로 다가왔다. 그럴 때마다 감정의 터보 버튼이 눌러지곤 했다. '문제를 과대 해석하는 것'이 나에게는 일상이었고, 달리 선택의 여지가 없다고 느꼈다. 내 행동은 본능적인 것처럼 느껴졌다.

ADHD에 관해 자세히 알고 나서야 비로소 감정 조절을 조금씩 할 수 있게 되었다. 예전에는 내 반응이 정당하다고 생각했다. 내가 느낀 감정의 강도에 걸맞은 반응이라고 여겼기 때문이다. 강한 반응은 내 정체성의 일부가 되어버렸고, 이것을 바꾸려는 시도는 무의미하게 느껴졌다.

치료를 받으면서 감정을 새로운 시각으로 바라볼 수 있는 도구를 얻었다. 감정 자체가 문제는 아니었다. 내가 느낀 감정은 분명 타당했다. 문제는 내가 무엇을 느끼는지 그리고 왜 그렇게 느끼는지 잘못 해석했다는 것이다.

나는 어떤 감정을 느껴야 할지 성급하게 결론 내리고 곧바로 감정을 최대치로 끌어올렸다. 쉽게 말해, 내가 감정을 이해하는 방식이 너무 단순하고 잘못됐다는 뜻이다.

감정 지능을 키우는 법

ADHD가 있는 사람들이 왜 이렇게 강렬하게 감정에 반응하는지 이해하려면, 먼저 감정 자체를 잘 이해해야 한다. 감정이 무엇이고 어떻게 작용하는지 간단히 살펴보자.

인간의 뇌는 항상 다음에 일어날 일을 추측하고 예측한다. 마치 마음속에서 일기 예보를 만드는 것처럼, 새로운 정보를 모을 때마다 계속해서 업데이트하고, 조정하고, 수정한다. 예측은 실제로 우리 몸에 물리적인 변화를 일으킨다. 예를 들어, 직장에서 프레젠테이션을 앞두고 긴장할 것을 예측하면 미리 땀이 나기 시작한다.

코미디언이 무대에 등장하기를 기다리면서, 곧 경험하게 될 기쁨과 관객들의 호응을 예상하며 미리 미소 짓는 때도 있다. 또는 운전 중에 비가 내리기 시작하면 핸들을 더 꽉 잡게 되는데, 이는 미끄러운 도로와 제한된 시야, 예측할 수 없게 운전하는 사람들을 무의식중에 고려하기 때문이다.

이러한 변화는 우리가 의식하지 않아도 자연스럽게 일어난다. 이것이 감정의 기본 공식이다. 우리의 뇌가 예측하고, 우리가 어떤 감정을 느낄 것 같다고 판단하면, 감정과 관련된 신체 시스템을 작동시키는 것이다.

- 행복을 예상하면 우리 몸은 보통 이완된다. 미소를 짓거나 웃기도 하고, 심지어 에너지가 솟구치는 듯한 기분이 든다.
- 슬픔을 예상하면 몸이 무거워진다. 상대와 눈을 마주치지 않고, 고개를 숙이며, 눈물이 고이기도 한다. 기운이 빠지고 목에 무언가 걸린 듯한 느낌이 들 수 있다.
- 분노를 예상하면 몸에 긴장감이 감돈다. 이를 악물고 주먹을 꽉 쥐게 된다. 심장 박동과 호흡이 빨라진다. 공격적인 자세를 취하게 되고, 심지어 귀에서 피가 솟구치는 느낌이 들 수도 있다.

ADHD가 있는 사람들은 감정을 매우 강렬하게 느끼기 때문에 뇌가 잘못된 예측을 하는 일이 잦다. 우리의 반응 강도가 상황의 심각성과 맞지 않을 때가 많다는 뜻이다. 예를 들어,

상사와 사소한 의견 충돌이 있었다고 해보자. 이런 경우 우리의 뇌는 큰 갈등으로 오해하고 대응 체제에 돌입한다. 침착해야 할 때 오히려 싸움을 준비하는 셈이다.

우리가 과도하게 흥분하다 보니 상대방도 감정적으로 대응하고, 결국 우리의 과잉 반응이 정당하게 느껴진다. 부정적인 자기충족적 예언을 전형적으로 보여주는 예다.

감정이 물살을 타기 시작하면, 우리의 뇌가 상황을 제대로 읽을 수 있게 도와야 한다. 한 가지 방법은 감정 지식을 확장해 뇌에 더 많은 정보를 제공하는 것이다. 단순히 행복, 분노, 슬픔 같은 기본적인 감정 어휘를 넘어, 더 세밀하고 다양한 감정을 이해하고 표현할 수 있어야 한다.

내 친구 바다Vada의 예를 들어보겠다. 바다는 배가 고플 때 짜증을 잘 내는 편이다. 이럴 때마다 그녀는 농담 삼아 "미안해. 지금 '행그리 바다' 모드야."라고 말한다. '행그리hangry'라는 단어는 '배고픈(hungry)'과 '화난(angry)'을 합친 말이다. 얼핏 사소해 보이지만, 이런 표현은 실제로 큰 힘을 발휘한다. 재치 있는 표현으로 상황을 누그러뜨리는 동시에, 자신이 느끼는 감정이 진정한 분노가 아니라는 것을 인식하는 데 도움이 된다.

이런 식의 감정 표현은 복잡한 감정을 잘 설명하고 우

6장. 기분과 감정을 잘 다스리는 전략

리가 겪고 있는 상황을 이해하는 데 큰 도움이 된다. 감정에 구체적인 이름을 붙이면, 자연스럽게 그 패턴을 알아차리기 시작하기 때문이다. '행그리 바다'처럼 재미있는 표현을 사용하면, 유머러스하게 주의를 환기하며 강렬한 감정을 누그러뜨릴 수 있다.

만약 당신이 상사와 자주 다투고 갈등을 부풀리는 경향이 있다면 '아이고, 이제 드라마 좀 그만 찍자!'라고 생각해보자. 하지만 이것은 자신을 비하하거나 감정을 무시하려는 태도는 아니다. 오히려 잠깐 멈춰 서서 자신의 감정을 충분히 들여다보고, 상황에 좀 더 현명하게 대처할 수 있는 여유를 찾는 것이다.

감정의 강도를 관리하는 전략

ADHD가 있는 사람들이 경험하는 강렬한 감정은 축복이자 저주가 될 수 있다. 사소한 일에도 큰 기쁨을 느낄 수 있다는 점은 멋진 일이다. 하지만 화를 참지 못하고 폭발해 버리는 것은 바람직하지 않다.

지금부터는 감정을 잘 다스리고 이해하도록 돕는 몇 가지 전략을 알아보자.

감정 어휘를 확장하라

자주 겪는 상황에 재미있는 이름을 붙이는 것 외에도, 당신의 뇌가 모든 감정을 더 정확히 인식하도록 훈련할 수 있다. 이를 위한 가장 좋은 방법은 자신만의 감정 어휘를 만드는 것이다.

감정을 묘사하고 표현하는 새로운 방법을 배우면, 뇌에 새로운 경로가 열린다. 이렇게 세세한 표현을 익히면 적절한 행동을 취할 수 있다. 때로는 본능적으로 반응하는 대신 아무것도 하지 않는 것이 최선의 선택일 수도 있다.

온라인에서 '감정의 바퀴(다양한 감정들을 시각적으로 정리해 원형으로 표현한 도구-옮긴이)'라는 것을 찾아볼 수 있다. 화남, 슬픔, 기쁨 등의 큰 범주 아래 속하는 다양한 감정을 시각적으로 보여주는 도구다. 하지만 나는 처음부터 자신만의 어휘를 만드는 것이 더 가치 있다고 본다. 이렇게 해보면 어떨까? 먼저 슬픔을 표현하는 10가지 다른 단어를 적어보자. 예를 들면 이런 식이다.

우울한, 침울한, 걱정되는, 불안한, 찜찜한, 좌절한, 비통한, 괴로운, 비참한, 의기소침한 등이다. 이제 이 단어들을 하나하나 살펴보면서 각각의 차이점을 생각해 보자. '의기소침한'과 '침울한'은 무엇이 다를까? '불안한'과 '비통한'은 또 무엇이 다를까? 단어마다 어떤 특별한 뜻이 있는지 찾아보거나 천천히 생각해 보자.

감정의 강도에 따라 순위를 매겨보자. 어떤 단어가 가장 강한 감정을 나타내고, 어떤 단어가 가장 약한 감정을 나타낼까? 각각의 단어에 나름의 무게와 의미를 부여해 보자. 순위 매기기가 어렵다면, 감정과 관련한 기억을 떠올려보는 것도 좋다.

당신이 의기소침했던 때와 침울했던 때를 생각해 보라. 이렇게 하면 감정에 무게가 실리고, 감정 사이의 미세한 차이를 구분하기 쉬워진다.

이제 행복을 표현하는 10가지 단어를 적어보자. 화남에 대해서도 같은 작업을 반복한다. 연습을 통해 자신의 감정을 더 정확하게 파악할 수 있다. 그러면 더 나은 해결책을 찾는 데도 도움이 된다.

예를 들어, 의기소침할 때 슬픈 음악을 들으며 따뜻한 코코아를 마시면 위로가 되기도 한다. 하지만 괴롭거나 비통할 때는 친한 친구와 나누는 대화나 위로가 필요할 수 있다.

이런 감정의 미세한 차이를 이해하면, 감정이 올라올 때 대처하는 방식이 크게 달라질 것이다. 감정 어휘를 확장해 다양한 감정의 미묘한 차이를 이해할 수 있게 하자. 그러면 여러 상황에 더 적절히 대응할 수 있을 것이다.

감정 일기를 활용하라

감정 일기나 기분을 기록하는 앱은 장기적으로 자신의 감정을 이해하고 관리하는 데 아주 유용한 도구다. 당신이 하루 동안 느낀 감정, 생각, 경험을 기록하는 것이다.

감정 일기를 쓰면, 일상에서 어떤 상황이 당신의 감정을 자극하고, 그에 따라 어떤 반응을 보이는지 패턴을 알아차릴 수 있다. 어떤 요인들이 기분에 영향을 미치는지 알면 자기 이해에 큰 도움이 된다. 더 나아가 이는 부정적인 감정을 예측하고 잘 대처할 수 있는 개인만의 지도를 만드는 셈이다.

디지털 도구나 앱을 사용해도 좋고, 책상에 감정 일기를 두고 매일 적어도 된다. 감정 일기를 작성하는 방법은 다음과 같다.

- 매일 자신의 감정을 기록하자. 되도록이면 같은 시간대에, 최대한 구체적으로 적는 것이 좋다. '좋다', '나쁘다'와 같은 단어를 사용하지 말고, '불안하다', '짜증 난다', '신난다', '만족스럽다' 등 구체적인 감정을 적어보

자. 1부터 10까지의 척도로 그날의 기분을 평가하는 것도 좋은 방법이다.

· 중요한 사건을 기록하자. 또는 기분에 영향을 준 다른 요인들을 써도 좋다. 최근에 만난 사람들, 수면이나 식사 패턴, 직장에서 있었던 일, 날씨 등이 될 수 있다.

· 기록을 되돌아보자. 적어도 일주일에 한 번은 한 주를 되돌아보는 습관을 만드는 것은 어떤가? 예를 들어, 매주 일요일 밤 잠들기 전이나 월요일 아침 일어나자마자 할 수 있다. 비슷한 감정을 자주 유발하는 패턴이나 긍정적 또는 부정적 요인들을 찾아보자.

자신의 감정에 관해 충분한 정보를 기록했다면, 그동안 알게 된 내용을 바탕으로 생활에 변화를 줄 수 있다. 먼저 자신의 기분을 좋게 만드는 사람들이나 활동에 더 많은 시간을 투자해 보자. 부정적인 상황에 더 잘 대처하거나 관리하는 방법도 개발해 볼 수 있다.

감정 일기를 통해 시간이 지나면서 생긴 긍정적인 변화를 기념하는 것도 좋다. 이 과정은 자신을 더 잘 알아가는 또 다른 방법이 될 수 있다. 개선이 필요한 부분과 자랑스러워할 만한 부분 모두를 발견할 수 있을 것이다.

거절에 대한 민감성

ADHD가 있는 사람들에게 특히 강하게 다가오는 감정 중 하나가 바로 거절당하거나 비판받았을 때의 느낌이다. 이럴 때 우리의 반응은(잘 알겠지만) 꽤 극단적일 수 있다.

갑자기 깊은 모욕감과 배신감을 느끼고 상처받은 기분이 들어 어찌할 바를 모르게 된다. 상당수가 분노나 절망감에 휩싸여 폭발하고 화를 낸다. 또 어떤 이들은 눈물을 터뜨리거나 모든 감정을 속으로 삭이며 완전히 마음을 닫아버린 것처럼 보이기도 한다.

이런 일이 터지면 생각할 여유도 없다. 거절이 주는 충격이 너무 갑작스러워서 그저 본능적으로 반응할 수밖에 없다. 이런 상황을 모르는 사람들은 우리의 반응을 이해하지 못하고 혼란스러워할 수 있다. 그러면서 "넌 너무 참을성이 없어.", "넌 너무 예민해.", "넌 늘 사소한 일에 흥분해."라고 말할지도 모른다.

누군가가 늘 이렇게 극단적인 감정 반응을 보인다면, 그것은 '거절 민감성 불쾌감(Rejection Sensitive Dysphoria, 이하 RSD)'이라 불리는 감정 조절 문제일 수 있다. 정신과 의사인 윌리엄 도슨 박사가 소개한 이 개념은 거절당하거나 애정이

사라졌다고 느낄 때 나타나는 강렬한 감정 반응을 말한다. 이러한 감정은 너무나 강렬해서 극도로 부정적인 감정을 불러일으키고 심지어 공황 상태에 빠지게 할 수도 있다.

RSD는 공식적으로 진단받을 수 있는 질환은 아니다. 하지만 나를 포함해 ADHD가 있는 사람들 상당수가 이 개념에 크게 공감한다. 우리가 겪는 경험을 정확히 표현하는 것 같아서 이 용어가 계속 사용되는 게 아닐까.

ADHD가 있는 사람이 거절당했다고 느끼면, 그 감정이 마음 깊숙이 파고들어 그에 걸맞은 반응을 보일 수밖에 없다. 대부분의 사람 눈에는 과도하고 극단적으로 보일 수 있지만, 사실 내면의 감정 강도와 일치하는 반응이다. 느끼는 감정이 강렬하니 반응도 강렬한 것이다. 어떤 이들에게는 이런 거절의 경험이 실제 고통으로 느껴지기도 한다.

이런 경험의 결과로, 일부는 남을 기쁘게 하려 애쓰거나 지나치게 성취 지향적인 사람이 되기도 한다. 그 고통스러운 거절의 감정을 다시 느끼지 않으려고, 절대 거절당하거나 비판받지 않을 완벽한 모습을 만들어내는 데 모든 에너지를 쏟아붓는다. 아니면 부정적으로 보일 가능성을 완전히 차단하기 위해 사람들과 교류하는 상황 자체를 피하기도 한다.

RSD는 때로 사회 공포증처럼 나타나기도 한다. 좋아하던 일도 그만두고, 개인적인 목표도 포기하면서 자신의 세계가 점점 좁아지는 것을 경험한다.

거절을 생산적으로 다루는 전략

거절당할 때 느끼는 민감성을 완전히 없앨 수는 없지만, 그런 상황이 닥쳤을 때 더 잘 대응하는 방법을 익힐 수는 있다. 다음은 거절 민감성 불쾌감을 관리하는 몇 가지 전략이다.

잠시 거리를 두라

다행히 RSD는 매우 강렬하지만 보통 빨리 사라진다. 그래서 이런 상황이 발생했을 때 '이 감정도 곧 지나갈 거야'라고 스스로를 다독이면 도움이 된다. 가장 좋은 방법은 이 상태를 RSD라고 인식하고 이름 붙이는 것이다.

나는 실제로 나를 거절한 상대에게 이렇게 말한 적이 있다. "지금 제가 너무 화가 나는데, 거절 민감성 불쾌감 때문인 것 같아요. 20분 정도 쉬었다가 다시 이야기해도 될까요?" 이 말을 할 때 나는 이를 꽉 깨물고 있다. 그만큼 화가 났다. 내 안의 감정은 정말 강렬했고 진짜였다. 하지만 시간이 지나니 감정의 원인, 즉 상대방이 한 말이 그 순간 내가 느꼈던 것만큼 심각하지는 않았다는 사실을 알 수 있었다. 이렇게 잠시 거리를 두면 상황을 더 객관적으로 볼 수 있다.

과거 관계를 돌아보라

누군가의 말에 강한 반응이나 불안한 반응이 올라올 때, 그 사람과 이어온 관계를 차근차근 돌아보는 것도 좋은 방법이다. 이런 질문들을 스스로에게 해보자.

- 지금까지의 관계를 생각해 보면, 이 사람이 정말 의도적으로 나를 배신할 이유가 있나?
- 나는 이 사람을 정말 신뢰하는가?
- 이 사람이 그저 힘들어서 기분이 안 좋은가?

• 내가 그저 힘들어서 기분이 안 좋은가?

대부분 과거의 경험을 돌아보면 상대방이 나에게 일부러 고통을 주려는 것은 아니란 사실을 알 수 있다. 특히 오랫동안 좋은 관계를 유지해 온 사람들의 경우라면 나쁜 의도가 있다고 생각하지 말고, 일단 좋은 의도로 그런 말과 행동을 했다고 생각하는 편이 도움이 된다.

물론 이렇게 한다고 해서 그때 느끼는 감정이나 고통이 완전히 사라지거나 가라앉는 것은 아니다. 하지만 상황을 제대로 바라보고 상대방의 의도가 당신에게 고통을 주려는 것이 아니었음을 이해하는 데는 확실히 도움이 된다.

누군가와 갈등이 생기면, 잠시 뒤로 물러나 지금까지의 관계를 떠올려보자. 그런 다음 당신이 생각하는 최악의 시나리오가 정말 맞는지 따져보자. 아마도 대부분은 아닐 것이다.

수치심에 왜곡된 마음

ADHD가 있는 사람들은 수치심의 무게에 짓눌리는 경우가 많다. 오랫동안 다른 사람들의 기대에 미치지 못한 채 살아왔다면, 수치심은 일상에 깊이 뿌리박힌다.

작은 실수를 하거나, 말을 잘못하거나, 중요한 세부 사항을 잊어버릴 때마다 수치심은 언제든 들이닥칠 준비를 하고 있다. 그리고 실제로 이런 일이 일어나면 '내가 좀 더 노력했더라면 이런 일은 없었을 텐데…'라고 자책하고 만다.

나 역시 어렸을 때부터 주변 사람들의 눈에 자주 실수하는 것처럼 보이는 이유를 설명할 길이 없었지만, 그런 일들은 계속 일어났다. 결국 내 잘못이 아닌 일에 대해서도 사과하기 시작했다. 심지어 나 자신도 모르게 저지른 실수에 대한 비난까지 내면화하게 되었다. ADHD가 있는 사람들이라면 아마 이런 가혹한 비난의 말까지 여러 번 들어봤을 것이다.

- 왜 그렇게 한심하게 행동했어?
- 너는 뭐가 문제니?
- 너 바보야?

어쩌면 지금도 이런 말을 듣고 있을지 모르겠다. 아니면 오래전 일이라 해도, 기억 속에서 불쑥 떠올라 다시 한번 당신을 무너뜨리곤 할 것이다. 비판적인 목소리가 유발하는 수치심은 특히 잔인하다. 그 수치심 때문에 더 깊은 외로움으로 빠져들기 때문이다.

　우리는 종종 고통의 원인을 자신에게서 찾고, 더 큰 상처를 받을까 두려워서 이 고통을 다른 사람들에게 숨기려고 한다. 혼자만의 생각에 빠지면 부정적인 생각에 더 깊이 빠져들고 결국 자기 파괴적인 행동을 하기 쉽다.

　조그마한 일이라도 일단 잘못되면 우리가 너무나 잘 아는 결과가 펼쳐진다. 부정적인 생각의 소용돌이에 휘말리는 것이다. 그러다 보면 자기 불신이 눈덩이처럼 커지면서 생각이 다른 생각을 불러오고, 점점 더 부정적인 생각들이 쌓여간다.

- 내가 실수했어.
- 정말 멍청한 짓이었어.
- 난 항상 이런 실수를 해.
- 난 왜 이렇게 못났지?
- 사람들이 날 보고 멍청하다고 할 거야.
- 그만두는 게 낫겠어.
- 어차피 난 쓸모없는 사람이야.

이 수치심의 소용돌이는 거짓말로 가득 차 있다. 당신이 다른 사람들에게 짐이 된다거나 행복할 자격이 없다고 말한다. 이때 가면 증후군이 다시 모습을 드러내는데, 이번에는 더 심하게 찾아와 반대 증거(현실)를 완전히 무시하게 만든다.

실제로 무슨 일이 일어나고 있는지 인식하더라도, 무언가 잘못되면 너무나 쉽게 수치심의 소용돌이로 다시 빠져든다. 상대의 사소한 말 한마디나 심지어 눈빛 한 번으로도 시작될 수 있다. "너는 뭐가 문제니?"라고 말하는 듯한 찌푸린 눈빛 한 번에 순간적으로 무너질 수 있다.

이런 일들은 마치 피하기 어려운 익숙한 영역처럼 느껴진다. 하지만 다행히도 여기에서 벗어날 방법들이 있다.

수치심의 소용돌이에서 벗어나는 전략

수치심이 아무리 소용돌이치는 강렬한 감정이라도, 여기서 벗어날 전략 몇 가지를 잘 활용한다면 전반적인 삶의 질을 높일 수 있다.

나만의 리셋 방법을 찾아라

수치심의 소용돌이에 휩싸이면 정신이 혼미해진다. 자신이 누구인지조차 잊어버리고 만다. 이것은 우리의 정체성 자체를 공격하는 일이나 다름없다. 따라서 자기 자신을 다시 찾

는 방법이 필요하다. 마음을 리셋하고 진짜 나를 기억해 낼
수 있는 무언가를 찾아야 한다.

'마음의 힘'을 회복할 수 있는 경험을 찾아보자. 요가, 명
상, 목욕, 산책, 반려동물과 시간 보내기, 친구와 포옹하기, 책
읽기 등이 도움이 될 수 있다. 해결책은 사람마다 다르겠지
만, 과거의 좋은 기억을 떠올리는 경험이 특히 효과적이다.

어린 시절 아버지와 함께 90년대 액션 영화를 봤던 추억
이나 정원을 가꾸며 보내는 시간이 당신을 온전하게 만들어
줄 수도 있다. 자존감을 회복하게 돕는 경험을 찾아보자.

생각과 감정을 글로 적어보라

감정을 글로 표현하는 시간을 갖는 것만으로도 마음의 소용

돌이를 잠재우고, 현재 상황을 더 명확하고 진실하게 바라볼 수 있다. 꼭 형식을 갖출 필요는 없다. 노트 한 권을 준비해서 20분 동안 자유롭게 떠오르는 생각들을 써 내려가 보자.

당신의 내면에서 들리는 거짓말을 찾아보라. 자칫 머릿속에서 들리는 모든 말을 그대로 믿기 쉽지만 그 생각들을 종이에 적어 보면, 한발 물러나 더 객관적으로 상황을 바라볼 수 있다. 일종의 관찰자 입장이 되는 것이다. 이렇게 하면 당신의 머릿속에서 계속 반복되는 부정적인 생각들을 알아차리고, 이제 그 생각의 방향을 바꿀 때가 되었음을 깨달을 수 있다.

기본적인 욕구를 챙겨라

바쁜 일상에서 우리는 자신을 잘 돌봐야 한다는 사실을 잊기 쉽다. 기본적인 욕구를 소홀히 하면 부정적인 감정이 더 커지고, 이에 따라 수치심의 소용돌이에 빠지기 쉽다. 따라서 자신을 돌아보고 기본적인 부분들을 놓치고 있지는 않은지 점검하는 것이 중요하다.

물을 충분히 마시고, 규칙적으로 씻고, 적당히 운동해야 한다. 또한 영양가 있는 음식을 먹고, 충분히 쉬는 것이 좋다. 이런 것들이 지극히 기본적으로 보일 수 있지만, 실제로 우리 기분에 미치는 영향은 엄청나다. 하지만 자칫 쉽게 간과할 수 있으므로 특별한 주의가 필요하다. 기본적인 자기 관리는 정신 건강과 전반적인 삶의 질 향상에 매우 중요하다.

강한 충동과 자제력 부족

많은 ADHD 환자가 충동에 이끌려 행동하는 경향이 있다. 성급하게 행동하고, 깊이 생각하지 않고 바로 뛰어든다. 감당할 수 없는 물건을 사고, 이미 일정이 꽉 찼는데도 새로운 약속을 잡는다. 순간적으로 결정을 내리고 나중에 후회하는 일이 많다.

이런 일이 벌어지는 이유는 그 순간에는 이런 행동의 결과를 예측하지 못하기 때문이다. 당시에는 성급하거나 어리석게 느끼지 않고, 오히려 꼭 필요하다고 생각한다. 당장 해야만 하는 일처럼 느껴지는 것이다.

하지만 우리는 과거의 경험을 제대로 돌아보지 못해 충분한 정보 없이 결정을 내리곤 한다. 행동으로 옮기기에 급급한 나머지, 비슷한 상황에서 과거에 어떤 일이 있었는지 진지하게 고민하지 않는다.

기억력과 시간 감각의 문제로 이미 과거와 미래를 제대로 보기 힘든데, 여기에 충동성까지 더해지면 상황은 더 나빠진다. 너무 성급하게 행동하다 보니 그나마 있던 경험과 예측의 힘을 결정에 반영하지 못하는 것이다.

결국, 후회할 만한 선택을 하거나 돌이킬 수 없는 약속을 하면서, 모르는 사이에 미래의 자신을 더 힘들게 만들어 버리고 만다.

충동성을 다스리기 위한 전략

우리의 충동성은 문제를 초래할 가능성이 있을 뿐만 아니라 실제로도 자주 그렇다. 다음은 더 신중하고 현명한 선택을 내릴 수 있도록 충동을 다스리는 몇 가지 방법이다.

저항하지 말고 시간을 벌어라

충동적으로 반응하거나 행동하지 않는 일은 정말 어렵다. 따라서 직접적으로 저항하려 하기보다는 시간을 벌어보는 것이 효과적일 수 있다. 일단 다른 행동을 하면서 시간을 벌어보자. 이렇게 하면 과거의 경험을 돌아보고 미래를 생각할 여유가 생겨서, 현재의 상황에 생산적으로 대처할 수 있게 된다.

감한 감정이 올라올 때 바로 반응하지 말고 "음, 잠깐 생각해 볼게요." 또는 "잠시만 고민할 시간을 주세요."라고 말해보자. 아니면 실제로 곰곰이 생각하는 척해 보는 것도 좋다.

우리의 목표는 충동성의 방향을 바꿔 그 에너지가 부정적이고 감정적인 반응으로 이어지지 않도록 하는 것이다.

과거의 실수에서 배워라

여유가 있을 때는 비슷한 상황에서 전에 어떤 일이 있었는지 떠올려보자. 충동적으로 행동했다가 후회할 만한 일을 저지르면 보통 '왜 나는 항상 이런 식이지?' 또는 '아, 또 뒷수습하고 사과해야겠네.'라고 생각할 수밖에 없다.

물론, 잠시 멈춰서 지난 일을 떠올리는 것이 말처럼 쉽지는 않다. 하지만 하기 싫은 마음이 크더라도 "이런 일이 전에도 있었나? 그때 나는 어떻게 반응했지? 결과는 어땠지? 이번엔 좀 다르게 해볼까?"라고 자문해 보는 것은 충분히 가치 있는 일이다.

새로운 접근 방식과 반응을 시도해 보면서 자신에게 가장 잘 맞는 방법을 찾아보라. 그 방법이 효과가 없어지면 다시 처음부터 시작하면 된다.

감정 관리 전략 핵심 정리

• 미소 파일을 만들어라

자신의 성과와 업적을 모아놓은 파일을 만들어 보자. 부정적인 생각 대신 실제 성취한 일들을 돌아보며 자신감을 얻을 수 있다.

• 감정 어휘를 확장하라

다양한 감정을 표현하는 단어들을 배워보자. 감정의 미묘한 차이를 이해하고 더 적절하게 대응할 수 있게 된다.

• 감정 일기를 활용하라

일기나 앱을 통해 기분 변화를 기록하고 과거의 사건들을 되돌아보 자. 일상에서 일어나는 일들을 더 잘 이해하고 감정적으로 성장하는 데 큰 도움이 된다.

• 잠시 거리를 두라

스트레스 상황에서 잠시 떨어져 생각해 보면 더욱 생산적인 관점을 가질 수 있다.

• 과거 관계를 돌아보라

누군가와 갈등이 생겼을 때, 잠시 멈춰 서서 상대방과의 관계를 돌 아보자. 지금의 강한 반응이 정말 타당한지 생각해 보라.

• 나만의 리셋 방법을 찾아라

자존감을 회복시켜 주는 경험을 찾아보자.

• 생각과 감정을 글로 적어보라

글쓰기를 통해 감정을 객관적으로 바라보면 상황을 더 명확히 이해 하고 자신의 부정적인 사고 패턴을 확실히 알아차릴 수 있다.

• 기본적인 욕구를 챙겨라

기본적인 자기 관리는 정신 건강과 전반적인 삶의 질 향상에 정말 중요하다. 사소한 것부터 잘 챙기자.

- **저항하지 말고 시간을 벌어라**

충동적인 반응을 자제하고 시간을 벌어보자. 그러면 과거의 경험과 미래에 대한 생각을 바탕으로 더 나은 결정을 내릴 수 있다.

- **과거의 실수에서 배워라**

비슷한 상황에서 전에 어떤 일이 있었는지 차분하게 돌아보며 같은 실수를 반복하지 않도록 노력해 보자.

ADHD의 미래

약점은 최소화하고 강점은 활용하라

희망찬 미래의 일부가 되는 일

이 책에서 언급한 여러 어려움에도 불구하고, 나는 ADHD를 가진 사람들의 앞날이 밝다고 확신한다. ADHD에 관한 이해가 예전보다 깊어지고, ADHD를 진단받지 못했던 사람들이 제대로 된 진단을 받게 되면서 세상의 시각도 변하고 있는 듯하다. 또한 다양한 뇌의 특성과 ADHD 뇌의 고유한 강점 및 능력을 인정하는 '신경 다양성'의 중요성에 관한 인식도 점점 커지고 있다.

전통적으로 ADHD 연구는 주로 '결핍'에 초점을 맞춰왔

7장. 약점은 최소화하고 강점은 활용하라

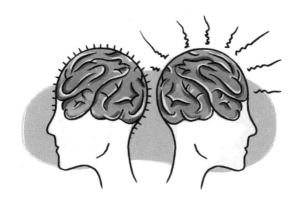

다. ADHD를 지닌 사람들의 '문제'가 무엇인지, 이 '장애'를 어떻게 고칠 수 있을지에 관심을 가지고 집중했다. 하지만 요즘은 많은 연구자가 '강점 기반 접근법'과 ADHD의 긍정적인 면을 찾는 데 관심을 기울인다.[8]

ADHD를 나만의 무기로 만들어라

여러 도전 과제에도 불구하고 ADHD 진단을 받은 많은 사람이 ADHD를 독특하고 긍정적인 사고방식과 존재 방식으로 받아들이고 있다.

사실 이 모든 것은 인식에서 시작된다. 자신의 뇌가 어떻게 작동하는지 이해하면, 그 지식을 자신에게 유리하게 활용할 수 있다. 자신의 강점을 살려 일상생활 및 직장생활에서 더 많은 성과를 내고, 창의력을 발휘하며, 성공을 거두는 방법을 찾을 수 있다.

이런 식으로 생각을 바꾸는 데는 시간과 노력이 들지만, 당신은 이 책을 읽음으로써 이미 첫걸음을 뗐다. 이제 ADHD는 물론 이것이 삶에 미치는 영향까지 더 잘 이해했고, 당신의 삶에 긍정적인 변화를 만들어낼 수 있는 지식과 전략도 갖추었다.

때로는 ADHD가 힘들고 좌절감을 불러일으키며 도저히 감당하지 못할 상대처럼 느껴진다는 것을 잘 안다. 마치 온 세상이 당신을 짓누르는 것 같고, 당신의 뇌가 원하는 대로 움직이지 않는 것 같은 기분이 들 수 있다.

하지만 지금 겪는 일이 당신의 잘못이 아니라는 것을 반드시 기억하라. 당신은 게으르지도, 멍청하지도, 이기적이지도 않다. 단지 다른 방식으로 작동하는 뇌를 가지고 있을 뿐이다. 이 뇌는 작동 방식만 이해하면 놀라운 일을 해낼 수 있다.

당신은 누군가의 인생에 긍정적인 영향을 미치고, 원하는 변화를 만들어낼 수 있는 사람이라는 것을 기억하라. ADHD와 신경 다양성의 옹호자가 되어, 다른 이들이 자신의 뇌를 인정하고 장단점을 모두 받아들이도록 도울 수 있다.

바로 당신이 그 롤모델, ADHD와 함께 더 나은 삶을 사는 사람이 될 수 있다.

ADHD가 있는 사람들이 살아갈 미래는 충분히 희망차다.

당신도 이런 미래의 일부가 되지 않겠는가!

마치는 글

지금까지 읽어주셔서 감사합니다. 이 책이 당신 자신이나 당신이 사랑하는 누군가를 이해하는 데 도움이 되었기를 진심으로 바랍니다. 실제로 도움이 되었다면 다른 분들에게도 꼭 알려주세요!

책의 감상평을 남겨준다면 큰 도움이 될 것입니다. 당신의 평가는 다른 사람들에게 이 책이 읽을 만한 가치가 있다는 것을 깨닫게 해주니까요. 미리 감사드립니다.

당신의 생각을 나와 다른 이들에게 들려주고 싶다면 extrafocusbook.com/review를 방문해 주세요.

ADHD를 가진 사람들을 돕는 또 다른 좋은 방법은 이 책을 공유하는 것입니다. 소셜미디어에 사진을 올리고, 친구나 가족에게 알리거나 도움이 될 것 같은 누군가에게 선물해 보세요.

긍정적이든 부정적이든, 질문이나 피드백은 언제든 환영합니다. jesse@adhdjesse.com으로 연락해 주세요.

다시 한번 감사드립니다.

제시 J. 앤더슨

감사의 글

인생은 재미있으면서도 기묘하며 또한 기쁨으로 가득해야 한다는 사실을 일깨워준 아이들 베라, 캘빈, 매버릭에 고마움을 전하고 싶습니다. 그리고 아내 다니엘에게도 깊은 감사를 전합니다. 재미있고 기묘한 우리 가족에게 사랑은 물론, 꼭 필요한 안정감을 가져다줘서 정말 고마워요.

뒤죽박죽인 제 글을 훨씬 더 나아 보이게 만들어 준 능력 있는 편집자 아담 로젠에게 감사드립니다(참고로 이 부분은 편집자가 보지 않았습니다.). 그리고 이 책에 시각적 생동감을 불어넣어 준 삽화가 네이트 캐들랙에게도 고마운 마음을 전합니다.

감사의 글

ADHD를 가진 아이들을 키우느라 고군분투하신 부모님을 빠뜨릴 수 없습니다. 이제야 그것이 얼마나 어려운 일이었는지 이해하게 되었습니다. 그리고 항상 지지와 너그러움을 베풀어주신 장모님과 장인어른께도 감사드립니다.

중학교, 고등학교 그리고 그 이후의 시기를 버틸 수 있게 도와준 최고의 친구 브랜든 제프리스에게도 고마운 마음을 전합니다.

프레다 카르다, 당신은 내가 ADHD 진단을 받은 후 많은 것을 다시 배울 수 있게 도왔고, 필요한 순간마다 나를 바로잡아 주었어요. 고마워요.

온라인 ADHD 및 창작 커뮤니티의 많은 분께 감사드립니다. 여러분이 저를 따뜻하게 맞아주시고, 콘텐츠 창작의 세계를 조금 더 편안한 곳으로 만들어주셔서 이 책이 나올 수 있었습니다. 특히 앤드루 날밴드, 안나 데이비드, 아라빈드 발라, 바바라 루터, 베카 커버, 벤 푸타노, 브리타니 S. 혹스테틀러, 브루크 슈니트만, 캐롤리 플랫리, 케이시 나이스탓, 셀즈 알레한드로, 셰넬 바실리오, 크리스 아차드, 크리스 스콧, 크리스천 젠코, 클레어 투오미, 코너 데울프, 코트니 카리니, 데이먼 맨리, 다니 도너번, 대니얼 부스타만테, 데이비드 스파크스, 데니즈 페리, 데릭 시버스, 디키 부시, 더스티

치푸라, 딜런 레데콥, 에릭 티버스, 에스더 네이글, 에브 채프먼, 한나 홉스, 이안 톰린슨, 제이 밀러, 제이에 린, 제니퍼 앤더슨, 제니퍼 팔리, 옌스 레나트슨, 제러미 핀크, 제러미 긴, 제시카 매케이브, 존 서랫, 줄리아 멀린스, 줄리아 삭세나, 저스틴 라이, 카라민더 구만, 케이트 브라운필드, 케이티 휴즈, 케빈 셴, 케 하이, 카일라 로마, 리아 리브스, 리앤 마스켈, 레오 마스카로, 린지 긴첼, 마리 응, 마리 풀랭, 마크 쾨니그, 메러디스 카더, 미셸 한센, 미카 사전트, 마이크 슈미츠, 모니카 림, 나탈리아 페냐, 니콜라스 콜, 니콜 불사라, 닉 니에블라스, 올리비아 실바나, 파이비 부처, 파울리나 리비에르, 피나 바넬, 라크 이도우, 르네 브룩스, 리치 버로스, 롭 피츠패트릭, 론 카팔보, 로지 셰리, 라이언 메이어, 사만다 데메르스, 사만다 포스트만, 상기트 카르, 스코티 잭슨, 섀넌 크레이버, 샤론 포프, 스티븐 스콧, 실베스터 맥너트 3세, 태미 버딕, 티나 마탐스, 티시 젠타일, 토드 엘리스, 트레이시 윈첼, 트리나 헤인스, 이나 황, 그 외 많은 분께 감사드립니다.

이 책이 지금의 모습을 갖추는 데 도움을 주신 초기 독자들에게도 감사한 마음을 전합니다. 그들의 초기 피드백과 지원 덕분에 이 책이 더 많은 사람에게 알려지고 그들에게 도움이 될 수 있었습니다. 특히 AJ 하먼, 알렉세이 텐틀러, 안

감사의 글

드레아 칼린, 앤서니 파루지아, 빌리 애덤스, 브래드 니스카넨, 칼라 카두치, 캐시 벅 웨스트, 신디 미첼, 데이비드 캐머런, 엔리케 델 페르페투오 소코로 마린 가르시아, 파라 그림, 가이드 파리, J. 아담 호빙, 옌스 힐만, 조이 해리스, 케이트 파라, 켈리 베리, 케니 화이트로-존스, 라테이샤 무어, 렉시 웹스터, 린다 에스킨, 마리아 노이바우어, 마르타 루비아노, 마리아 델 로시오 바렐라 마틴, 매튜 B. 브랜다버, 마이클 피찬, 밀로 프레이지어, 파울라 카유엘라 벨라, 푸자 텔리, 리에나 체솔, 로한 가옌, 라이언 브래드퍼드, 샘 퍼게비, 스네하 자, 트레 아마투나, 투샤르 조시, 빅토리아 펜, 그 외의 분들에게 감사드립니다.

제가 잊은 분들께도 감사의 마음을 보냅니다. 혹시 '내 이름이 여기 있어야 하는데!'라고 생각하신다면, 아마도 맞을 겁니다. 미안해요.

마지막으로, 언제나 저를 믿어주신 마이킹 선생님, 정말 감사합니다.

주

1 A. Brzezińska, M. Borowiecka, M. Zając, K. Warchoł, and W. Michniak, "ADHD in women-a review," *Journal of Education, Health and Sport* 11, no. 9 (September 2021): 491-496. http://dx.doi.org/10.12775/JEHS.2021.11.09.063.

2. 제시카 매케이브는 ADHD 옹호자이자 유튜브 채널 'How to ADHD' 의 제작자이며《How to ADHD: An Insider's Guide to Working with Your Brain (Not Against It)》의 저자이다.

3. Christian Mette, "Time Perception in Adult ADHD: Findings from a Decade-A Review," *International Journal of Environmental Research and Public Health 20*, no. 4 (February 2023): 3098. https://doi.org/10.3390/ijerph20043098.

4. 르네 브룩스는 ADHD 옹호자이자 강연자이며 'Black Girl, Lost Keys'

라는 블로그의 운영자다. 이 블로그는 ADHD를 가진 흑인 여성들에게 힘을 실어주고 있으며, ADHD와 함께 잘 살아가는 방법을 알려준다.

5. KC 데이비스는 공인 전문 상담사이자 강연자, 정신 건강 옹호자이며《How to Keep House While Drowning》의 저자이다.

6. Mareike Altgassen, Anouk Scheres, and Marc-Andreas Edel, "Prospective memory (partially) mediates the link between ADHD symptoms and procrastination," *ADHD Attention Deficit and Hyperactivity Disorders 11* (2019): 59-71. doi:10.1007/s12402-018-0273-x.

7. 이는 연구 결과가 아니라 하버드 의과대학의 정신 의학 및 소아청소년과 교수인 마이클 S. 젤리넥 박사가 추정한 수치다. 이 추정치에 따르면, ADHD 아동은 수업 시간 동안 교사에게 평균적으로 한 시간에 세 번 정도 부정적이거나 행동을 바로잡는 말을 듣는다고 한다.

8. Jessica Agnew-Blais and Giorgia Michelini, "Taking stock of the present and looking to the future of ADHD research: a commentary on Sonuga-Barke et al. (2023)," *Journal of Child Psychology and Psychiatry 64*, no. 4 (April 2023): 533-536. https://doi.org/10.1111/jcpp.13758.

왜 나는 쓸데없는 일에만 집중할까

초판 1쇄 인쇄 2025년 1월 24일
초판 1쇄 발행 2025년 1월 31일

지은이 | 제시 J. 앤더슨
옮긴이 | 최지숙
펴낸이 | 심남숙
펴낸곳 | ㈜한문화멀티미디어
등록 | 1990. 11. 28 제21-209호
주소 | 서울시 광진구 능동로43길 3-5 동인빌딩 3층 (04915)
전화 | 영업부 2016-3500 편집부 2016-3507
홈페이지 | http://www.hanmunhwa.com

운영이사 | 이미향
편집 | 강정화 최연실
기획 · 홍보 | 진정근
디자인 · 제작 | 이정희
경영 | 강윤정
회계 | 김옥희
영업 | 이광우

만든 사람들
책임 편집 | 한지윤   디자인 | 풀밭의 여치blog.naver.com/srladu
인쇄 | 천일문화사

ISBN 978-89-5699-485-7 03320